Kennzahlen als Steuerungsinstrument des Personalcontrollings

Britta Wark

Kennzahlen als Steuerungsinstrument des Personalcontrollings

Eine empirische Untersuchung deutscher Krankenhäuser der Maximalversorgung in öffentlicher Trägerschaft

SIGNUM MAGNUM college

Springer Gabler

Dr. Britta Wark, MBA
Papendorf, Deutschland

Dieses Buch basiert auf der Dissertation der Autorin, die am 25. Oktober 2025 am Signum Magnum College, Malta verteidigt wurde.
Das Bild zeigt das Logo von Springer Gabler, bestehend aus einem stilisierten Pferdekopf links und dem Schriftzug "Springer Gabler" in einer eleganten, serifenbetonten Schrift rechts daneben. Der Pferdekopf ist in einem minimalistischen Design gehalten und symbolisiert Stärke und Dynamik.

ISBN 978-3-658-51103-6 ISBN 978-3-658-51104-3 (eBook)
https://doi.org/10.1007/978-3-658-51104-3

Die Deutsche Nationalbibliothek verzeichnet diese Publikation in der Deutschen Nationalbibliografie; detaillierte bibliografische Daten sind im Internet über https://portal.dnb.de abrufbar.

Planung/Lektorat: Karina Kowatsch
Springer Gabler ist ein Imprint der eingetragenen Gesellschaft Springer Fachmedien Wiesbaden GmbH und ist ein Teil von Springer Nature.
Die Anschrift der Gesellschaft ist: Abraham-Lincoln-Str. 46, 65189 Wiesbaden, Germany

Vorwort des Mentors

Die vorliegende Dissertation von Britta Wark ist das Ergebnis eines langen, anspruchsvollen und konsequent verfolgten wissenschaftlichen Arbeitsprozesses. Sie widmet sich einem Themenfeld, das für das Management von Krankenhäusern von zentraler Bedeutung ist, in der wissenschaftlichen Auseinandersetzung jedoch bislang nur begrenzt systematisch aufgearbeitet wurde: dem Einsatz von Personalkennzahlen als Steuerungsinstrument des Personal-Controllings in Krankenhäusern der Maximalversorgung in öffentlicher Trägerschaft.

Die Arbeit bewegt sich in einem hochkomplexen Spannungsfeld aus gesundheitsökonomischen Rahmenbedingungen, organisationalen Besonderheiten öffentlicher Krankenhäuser sowie aktuellen Reform- und Regulierungsprozessen. Die Autorin zeigt ein ausgeprägtes Verständnis für die Komplexität dieses Umfelds und verbindet gesundheitsökonomische, organisationstheoretische und betriebswirtschaftliche Perspektiven zu einem konsistenten analytischen Rahmen. Dabei gelingt es ihr, theoretische Konzepte nicht nur darzustellen, sondern kritisch zu reflektieren und gezielt auf die Besonderheiten des Krankenhaussektors anzuwenden.

Methodisch zeichnet sich die Dissertation durch ein wohlüberlegtes Mixed-Methods-Design aus, bei dem qualitative und quantitative Elemente sinnvoll miteinander verknüpft werden. Der qualitative Kern der Arbeit basiert auf Experteninterviews mit Vertreterinnen und Vertretern unterschiedlicher Hierarchieebenen und erlaubt einen tiefgehenden Einblick in Wahrnehmungen, Entscheidungslogiken und Reifegrade des Personal-Controllings. Ergänzt wird dieser Ansatz durch quantitative Auswertungen ausgewählter Fragestellungen mittels Likert-Skalen. Diese quantitative Komponente dient nicht der statistischen Generalisierung, sondern der systematischen Verdichtung, Spiegelung und Differenzierung der qualitativen Ergebnisse.

Gerade diese Kombination erweist sich als besondere Stärke der Arbeit. Die quantitative Analyse trägt dazu bei, Unterschiede und Übereinstimmungen zwischen den befragten Gruppen transparent herauszuarbeiten und subjektive Einschätzungen nachvollziehbar zu strukturieren. Die Autorin geht dabei reflektiert mit den methodischen Grenzen um, benennt Einschränkungen offen und ordnet die Aussagekraft der quantitativen Ergebnisse angemessen ein. Damit zeigt sie ein hohes Maß an methodischer Reife und wissenschaftlicher Sorgfalt.

Hervorzuheben ist zudem die analytische Tiefe, mit der die Autorin Wahrnehmungsdifferenzen zwischen operativen und strategischen Ebenen der Krankenhausorganisation herausarbeitet. Die Arbeit vermeidet vereinfachende Kausalannahmen und zeichnet sich stattdessen durch eine differenzierte, kritische und zugleich praxisnahe Interpretation der Befunde aus. Die transparent dargestellten Limitationen stärken die Glaubwürdigkeit der Ergebnisse und unterstreichen den wissenschaftlichen Anspruch der Dissertation.

Insgesamt handelt es sich um eine fundierte, klar strukturierte und inhaltlich überzeugende Arbeit, die einen relevanten Beitrag zur Weiterentwicklung des Personal-Controllings im Krankenhauswesen leistet. Die Dissertation zeigt exemplarisch, wie eine praxisorientierte DBA-Arbeit theoriegeleitet, empirisch sauber und methodisch reflektiert umgesetzt werden kann. Sie bietet sowohl für die wissenschaftliche Diskussion als auch für Entscheidungsträgerinnen und Entscheidungsträger in Krankenhäusern wertvolle Impulse.

Ich wünsche dieser Arbeit eine breite Rezeption und hoffe, dass sie dazu beiträgt, den strategischen Stellenwert von Personalkennzahlen im Krankenhausmanagement nachhaltig zu stärken.

Dezember 2025 Hon. Prof. (FH) Mag. Dr. Helmut Siller, MSc

Danksagung

Diese Dissertation ist das Ergebnis eines langen und intensiven Weges, der ohne die Unterstützung, Geduld und das Vertrauen einiger besonderer Menschen nicht möglich gewesen wäre. Ihnen gilt mein aufrichtiger und persönlicher Dank.

Mein tiefster Dank gilt meinem Mann Peter Wark. Er hat mich während der gesamten Zeit der Dissertation in einer Weise unterstützt, die weit über das Selbstverständliche hinausgeht. Er hat mir den Rücken freigehalten, mir Freiräume geschaffen und mir in arbeitsintensiven Phasen den Halt gegeben, den es braucht, um ein solches Projekt zu Ende zu führen. Seine Geduld, sein Verständnis und sein uneingeschränkter Rückhalt – auch in Momenten des Zweifelns oder der Erschöpfung – waren für mich von unschätzbarem Wert.

Ein ebenso herzlicher Dank gilt meinem Mentor Helmut Siller, Hon. Prof. (FH) Mag. Dr. Helmut Siller, MSc. Er hat den gesamten Entwicklungsprozess dieser Dissertation mit außergewöhnlichem Engagement begleitet. Besonders wertvoll war für mich seine ruhige, ermutigende Art, mit der er auch in anspruchsvollen Phasen Orientierung gegeben und Vertrauen in den Prozess vermittelt hat. Die kontinuierliche Unterstützung und der offene wissenschaftliche Dialog waren für mich eine große Bereicherung.

Mein Dank gilt zudem der Signum Magnum College für das etablierte Doctor of Business Administration (DBA)-Programm, das den strukturellen und akademischen Rahmen für diese Dissertation geschaffen hat. Die Ausrichtung des Programms ermöglichte eine enge Verbindung von wissenschaftlicher Fundierung und praktischer Relevanz.

Ebenso danke ich Dr. Aleksandar Novakovic, der als Betreuer des Doktorat-Studiengangs stets engagiert, verlässlich und unterstützend zur Seite stand.

Darüber hinaus danke ich allen Personen, die mich fachlich, organisatorisch oder persönlich auf diesem Weg begleitet und unterstützt haben. Ihnen allen gilt mein aufrichtiger Dank.

Über das Buch

Personalkennzahlen sind wesentliche Instrumente des Personalcontrollings und damit zentrale Elemente im Personalmanagement von Krankenhäusern. Sie ermöglichen einen schnellen und zuverlässigen Überblick über die Personalsituation und dienen als Grundlage für Planung, Steuerung und Kontrolle. Diese Studie untersucht den Reifegrad der Erstellung und Nutzung von Personalkennzahlen in öffentlich getragenen Krankenhäusern der Maximalversorgung in Deutschland. Zur Beantwortung der Fragestellungen wurden qualitative Experteninterviews auf verschiedenen Hierarchieebenen durchgeführt. Ziel war es, den aktuellen Stand der Erhebung, Anwendung und Bedeutung von Personalkennzahlen zu erfassen sowie deren Einfluss auf die Unternehmensstrategie und -planung zu analysieren. Die Analyse der Interviews ergab, dass Personalkennzahlen in den meisten Krankenhäusern vor allem im Rahmen der Finanzberichterstattung und des Leistungsbezugs genutzt werden. Dabei dominieren klassische Kennzahlen wie Vollzeitäquivalente, Kopfzahlen oder Personalkosten. Die strategische Einbindung von Personalkennzahlen in Unternehmensentscheidungen sowie deren Nutzung zur Prozessoptimierung ist jedoch noch unzureichend ausgeprägt. Vor dem Hintergrund dieser Ergebnisse werden Empfehlungen ausgesprochen, Personalkennzahlen stärker und systematischer in die strategische Planung und Steuerung von Krankenhäusern zu integrieren. Dies umfasst den Ausbau des Kennzahlensystems über die traditionellen Maße hinaus, um personalbezogene Entscheidungen fundierter zu treffen und Prozessverbesserungen gezielter voranzutreiben. Eine solche stärkere Vernetzung von Personalkennzahlen mit der Unternehmensstrategie kann dazu beitragen, die Effizienz und Qualität der Personalarbeit in Krankenhäusern nachhaltig zu steigern und ist vor dem Hintergrund der Krankenhausreform von weitreichender Bedeutung.

Inhaltsverzeichnis

Abkürzungen

DRG	Diagnosis Related Groups
DVKC	Deutsche Verein für Krankenhauscontrolling
G-BA	Gemeinsamer Bundesausschuss
HCR	Human Capital Reporting
IGC	International Group of Controlling
InEK	Institut für das Entgeltsystem im Krankenhaus
KHVVG	Krankenhausversorgungsverbesserungsgesetz
MD	Medizinischer Dienst
NPO	Non Profit Organisation
OPS	Operationen- und Prozedurenschlüssel
PKV	Private Krankenversicherung
PMU	Paracelsus Medizinische Privatuniversität
PPP-RL	Richtlinie zur Personalausstattung von Psychiatrie und Psychosomatik
PpUGV	Pflegepersonaluntergrenzenverordnung
VK	Vollzeitkräfte

Abbildungsverzeichnis

Tabellenverzeichnis

Überblick

1

Kennzahlen als Steuerungsinstrument des Personalcontrollings – eine empirische Untersuchung deutscher Krankenhäuser der Maximalversorgung in öffentlicher Trägerschaft

Das Kapitel 1 bildet die Einleitung ab. Es wird die Problemstellung erläutert, der Zweck der Forschung und die Relevanz der Studie beschrieben. Anschließend wird die Methodik im Rahmen des Forschungsdesigns vorgestellt, um als empirischen Beleg den Ablauf der Untersuchungen zu beschreiben. Die Forschungsfragen werden aufgestellt sowie die Beschränkungen dieser Dissertation aufgelistet. Abschließend wird der Aufbau der wissenschaftlichen Arbeit beschrieben und grafisch dargestellt.

Problemstellung

Personalkennzahlen bilden einen wichtigen Bestandteil im Personalcontrolling und damit in der Personalwirtschaft eines Unternehmens. Aber sie sind viel mehr als das – richtig genutzt und angewendet, geben sie eine Darstellung über die Erreichung der Unternehmensziele ab und müssen in diesem Kontext auch in eine Unternehmensstrategie und weitere Planungen eng eingebunden werden.

Grundsätzlich ist die Wichtigkeit von Personalkennzahlen bekannt und diese sind auch in Verwendung. Das jedoch häufig im Rahmen der finanzwirtschaftlichen Sicht (Stierle et al., 2017) z. B. eines Monats- oder Quartalsreports. Dabei

---

Ergänzende Information Die elektronische Version dieses Kapitels enthält Zusatzmaterial, auf das über folgenden Link zugegriffen werden kann https://doi.org/10.1007/978-3-658-51104-3_1.

B. Wark, *Kennzahlen als Steuerungsinstrument des Personalcontrollings*,
https://doi.org/10.1007/978-3-658-51104-3_1

geht es in der Regel um Vollzeitkräfte, Köpfe oder die entstehenden Kosten dazu. Auch im Krankenhaus werden diese und weitere Daten zusätzlich eher im Leistungsbezug der z. B. Bewertungsrelationen betrachtet (Beck, 2021).

Dabei haben Personalkennzahlen eine besondere Bedeutung und Wichtigkeit, denn sie sollen einen schnellen und zuverlässigen Überblick über die aktuelle Personalsituation im gesamten Unternehmen geben. Als ein wichtiges Bindeglied zur Planung, Steuerung und Kontrolle geeignet, nehmen sie zusätzlich einen wichtigen Teil im Rahmen von Prozessoptimierungsmaßnahmen ein (Frodl, 2015). Wird nun ein Krankenhaus betrachtet, welches als Non-Profit-Organisation und Dienstleister einen sehr hohen Bestand an Personal aufweist, unterstreicht sich die Wichtigkeit der Arbeit mit diesen Kennzahlen nochmals. Krankenhäuser werden sowohl in privater als auch von in öffentlicher Trägerschaft geführt, beide Arten der Führung sind Wirtschaftsunternehmen und unterliegen den gleichen Finanzierungsregeln.

Die DVKC e. V. – Management und Controlling in der Gesundheitswirtschaft erhebt regelmäßig Studien zur Situation des Controllings im Gesundheitswesen. Die Erhebung aus dem Jahr 2018 bis 2019 und zeigt den Zustand des Controllings insbesondere für den Sachkostenbereich und für das Personalcontrolling in der Pflege auf. Beides steht wieder im Zusammenhang der finanzwirtschaftlichen Entwicklung von DRG-Sachkostenabwertungen und der damals anstehenden Einführung der Pflegepersonaluntergrenzen und den damit verbundenen möglichen Vergütungsabschlägen (Crasselt et al., 2019). Die Erhebung 2022 / 23 beschreibt den Stand des Krankenhauscontrollings mit Fokus auf Personalausstattung, Tätigkeitsprofile und Digitalisierung des Berichtswesens sowie die Nachhaltigkeitsberichterstattung (CSRD). Insgesamt zeigen sich stabile Controlling-Kapazitäten und Rollen sowie begrenzte Fortschritte im Pflegecontrolling und in der Liquiditätsplanung. Die Psychiatrie/Psychosomatik passen ihre Steuerung schrittweise an das Psych-Entgeltsystem an (Crasselt et al., 2023). Die Erhebung 2024 / 25 fokussiert die Auswirkungen aktueller Regulierung (Hybrid-DRGs, PPBV) und bestätigt eine stabile Personalausstattung und Tätigkeitsprofile im Controlling. Sichtbar sind Anpassungen im Berichtswesen (Umrechnung von Hybrid-DRG-Entgelten in fiktive Case-Mix-Punkte) sowie eine noch geringe ESG / CSRD-Steuerungsnutzung (nur ca. 10 % der Häuser erheben ESG-Kennzahlen für die interne Steuerung) (Crasselt et al., 2025).

Nur in Ausnahmenfällen ist das Personalcontrolling in Krankenhäusern vollständig automatisiert. Manuelle Listen etc. kommen für den Erkenntnisgewinn zum Einsatz, mit erheblichem Aufwand und einer ständigen Gefahr von Übertragungs- bzw. Berechnungsfehlern. Die Weiterentwicklung des Personalcontrollings sowie die regelmäßige Erstellung von Kennzahlen sind häufig nur durch geänderte gesetzliche Grundlagen wie z. B. der Pflegepersonaluntergrenzen getriggert (Nemmer & Schuster, 2022). Im Umkehrschluss bedeutet das, dass es dann auch dabeibleibt und nur die dafür notwendigen Kennzahlen erstellt werden, jedoch die Wichtigkeit von Personalkennzahlen nicht ganzheitlich weiterverfolgt wird. Die Kombination aus Leistungsdaten und Personalkennzahlen im tieferen Sinne kann jedoch auch Prozessschwächen aufdecken und grundsätzlich zu Verbesserungen im Klinikablauf führen (Hantl-Merget et al., 2021). Deshalb erscheint es sinnvoll eine klug gewählte Auswahl an Personalkennzahlen festzulegen und diese in Dashboards mit anderen Kennzahlen zielgerichtet an die entsprechenden Empfänger regelmäßig zu berichten.

Die Pflege ist durch die gesetzlichen Änderungen in einigen Kliniken schon deutlich weiter und arbeitet mit einem Dashboard. Transparenz und Objektivierung beginnen dort zum Erfolg zu führen (Weiner, 2022).

Aus der Erfahrung der Autorin dieser Dissertation und den Gesprächen mit Leitungen von Personalabteilungen im Gesundheitswesen zeigt sich in der Praxis der Umsetzung von Personalkennzahlen im ganzheitlichen Ansatz ein sehr differenziertes Bild. Diese Führungskräfte sind sich der Wichtigkeit von Personalkennzahlen in der Regel bewusst. Wie ist es jedoch mit der obersten Führung? Werden die Informationen in den Strategieprozess mit eingebunden bzw. auch ausreichend in der Jahresplanung, über reine Kosten pro Vollzeitkraft hinaus, berücksichtigt?

Die Problemstellung, nach erster Sichtung und Kontaktaufnahmen, der im praktischen Umfeld immer noch vernachlässigten Personalkennzahlen, erfordert eine genauere Untersuchung des Reifegrades. Die Ergebnisse sollen zum einem auf den Umstand an sich aufmerksam machen, aber gleichzeitig auch Lösungsansätze anbieten. Dazu kommt, dass Standardreports in Form von Dashboards, welche im Unternehmen vordefiniert wurden, auch die ad hoc – Anfragen erheblich verringern könnten. Das reduziert die Arbeitslast der PersonalcontrollerInnen und stellt außerdem eine verbesserte Datenqualität sicher. Abschließend sei noch die Transparenz erwähnt, die bedeutenden Erkenntnisgewinn über Verbesserungsmöglichkeiten bietet.

Zweck der Forschung

Das Ziel dieser Dissertation ist zu ermitteln, wie sich in Krankenhäusern der Maximalversorgung in öffentlicher Trägerschaft in Deutschland der Reifegrad im Umgang mit der Erstellung und Nutzung von Personenkennzahlen über die jeweilige Klinik darstellt. Dabei ist insbesondere interessant, ob und wie die

Personalkennzahlen Einfluss auf die Unternehmensstrategie und die Planung nehmen. Aus den Ergebnissen sollen konkrete Handlungsempfehlungen für die Personalleitungen / das Personalcontrolling und die oberste Führung abgeleitet werden. Außerdem sollen Musterdashboards erstellt werden mit entsprechenden Hinweisen, wo die Kennzahlen sinnvoll zum Einsatz kommen könnten.

Relevanz der Studie

Diese wissenschaftliche Arbeit soll eine Einführung in die Bedeutung von Personalkennzahlen im Gesundheitswesen aufzeigen und insbesondere Ideen und Erkenntnisse in einer pragmatischen, praktischen Umsetzung im Klinikalltag mitbringen. Weiterhin soll die Erkenntnis und Akzeptanz reifen, wie bedeutend diese Daten sind und welche positiven Auswirkungen sie für das gesamte Unternehmen nach sich ziehen können. Insbesondere mit Blick auf die Krankenhausreform gewinnen Personalkennzahlen durch die Qualitätsparameter der Leistungsgruppen in Form von Struktur und Personal noch mehr Gewicht. Bei Nichteinhaltung der Vorgaben droht der Entzug der Leistungsgruppe und damit der Verlust einer möglichen Leistungserbringung.

Es ist nicht Ziel der Dissertation, andere Kennzahlen, wie z. B. Leistungskennzahlen im Gesundheitssystem, zu analysieren, zu bewerten oder anderweitig zu untersuchen. Diese können maximal über zusammenhängende Ausführungen angerissen werden. Es werden ausschließlich Empfehlungen aus den Erkenntnisgewinnen der Forschungsarbeit und dem eigenen Erfahrungsschatz gegeben.

Die Zielgruppe der Ergebnisse sind alle Krankenhäuser der Maximalversorgung, insbesondere die Personalleitungen / das Personalcontrolling und die oberste Führung. Jedoch können auch kleinere Kliniken die Ergebnisse nutzen.

Forschungsdesign

Diese wissenschaftliche Arbeit ist aus einer intensiven Recherchearbeit von Literatur aus dem Internet und verschiedenen Bibliotheken sowie durch die Methode der Befragung, konkret ExpertInneninterviews, im Rahmen einer qualitativen Forschungsstrategie zusammengesetzt. Das Forschungsinstrument ist der Interviewleitfaden, der zum Teil mit einer Likert-Skala unterlegt ist, um die einzelnen Antworten zu untermauern. Die Ergebnisse der Likert-Skala werden quantitativ ausgewertet. Daraus ergibt sich eine grundsätzliche qualitative Forschung, die mit quantitativen Anteilen ergänzt wird.

Das erste Ziel ist es, einen Einblick in das Gesundheitswesen in Deutschland zu geben. Der Forschungstand ist im Detail über eine intensive Literaturrecherche zu erheben. Die theoretischen Grundlagen und der aktuelle Forschungsstand sind anschließend näher zu untersuchen und auszuarbeiten. Der Fokus liegt dabei auf dem derzeitigen Stand der Theorie. So sind insbesondere die Themen Organisation, Führung, Controlling und Kennzahlen zu beleuchten und der Soll/Ist-Zustand des Personalcontrollings sowie deren Personenkennzahlen zu ermitteln, erweitert über den theoretischen, momentanen Stand im Gesundheitswesen. Im Rahmen dieser Recherche wird im Theorieblock die erste Forschungsfrage beantwortet.

Studien, wie z. B. die „Krankenhaus-Controlling-Studien" (Crasselt et al., 2019; Crasselt et al., 2023; Crasselt et al., 2025) oder „Der Einfluss von IoT-, Big-Data- und Mobile-Health-Lösungen auf die Wertschöpfung in Krankenhäusern: Gap-Analyse und Handlungsempfehlungen" (Neft et al., 2020), zeigen eine sehr schlechte Rücklaufquote aus Krankenhäusern. Zusätzlich ist die Grundgesamtheit an Häusern der Maximalversorgung nicht sehr hoch. Im Jahr 2021 waren es 91 Kliniken in Deutschland (Statistisches Bundesamt, 2023c), die unter den Begriff MaximalversorgerIn fielen.

Um in der empirischen Untersuchung verwertbare, zuverlässige Informationen im ausreichendenden Umfang zu erhalten, ist deshalb eine qualitative Forschungsstrategie das Mittel der Wahl.

Die Personalleitungen / das Personalcontrolling und die Vorstände / Geschäftsführungen von Universitätskliniken / MaximalversorgerInnen werden mittels ExpertInneninterview zum aktuellen Stand und zur Wertigkeit von Personenkennzahlen im eigenen Klinikbetrieb befragt. Zielgröße ist, gemäß Planung, fünf Krankenhäuser mit jeweils zwei Interviews zu absolvieren. Dabei ist festgelegt, dass wenn der Erkenntnisgewinn nicht ausreicht, weitere Krankenhäuser eingeschlossen werden können.

Die ExpertInneninterviews erfolgen anhand eines teilstrukturierten Leitfadens (Berger-Grabner, 2022; Döring, 2022) mit der Vorgabe mit Standardfragen zu arbeiten, jedoch mit der Option zu einer erweiterten Fragestellung. Die Grundlage für das Forschungsinstrument Interviewleitfaden bilden die Forschungsfragen, untermauert durch die gewonnenen theoretischen Kenntnisse.

Nach erfolgreicher Transkription werden die Daten mit der zusammenfassenden qualitativen Inhaltsanalyse nach Mayring systematisch ausgewertet. Daraus folgend kann die zweite Forschungsfrage beantwortet werden. Dabei wird auch auf das eventuell bestehende Gap zwischen den jeweils befragten Personalleitungen / Personalcontrolling und den Vorständen / Geschäftsführungen eingegangen und entsprechend dargestellt.

Durch die Aufarbeitung der Ergebnisse, ist es möglich weiter zu analysieren, um auf die dritte Forschungsfrage eingehen zu können.

Die Ergebnisse der Likert-Skala werden mittels quantitativer Analyse ausgewertet. Sie sollen die qualitativen Ergebnisse reflektieren und untermauern und ggf. Unterschiede zwischen den interviewten Gruppen aufzeigen.

Im Fazit werden alle Ergebnisse der Forschungsfragen und die Handlungsempfehlungen zusammenfassend dargestellt und die Ergebnisse abschließend beleuchtet. Die Handlungsempfehlungen werden so aufgebaut, dass sie für die jeweilige Zielgruppe gelten. Abschließend zeigen neue Hypothesen und ein Ausblick weitere Forschungsmöglichkeiten auf.

Forschungsfragen

In dieser Dissertation wird der aktuelle Stand von Theorie und Praxis zum Umgang mit Personalkennzahlen insbesondere im Gesundheitswesen untersucht. Aus den Ergebnissen wird ein erweiterter Informationsgewinn und eine Ableitung entsprechender Handlungsempfehlungen möglich.

Drei Forschungsfragen stehen dabei im Fokus:

1. Welchen Stellenwert, Fokussierung und Entwicklungsstand haben Personalkennzahlen in Organisationen?

   Das Ziel dieser Frage ist es, ein theoretisches Verständnis darüber zu entwickeln, welche Bedeutung Personalkennzahlen im Kontext moderner Organisationen haben, worauf sich ihre Anwendung fokussiert und wie weit deren konzeptionelle und praktische Entwicklung fortgeschritten ist. Dabei wird das jeweilige Thema zuerst allgemein untersucht und dann Bezug auf die Besonderheiten des Gesundheitswesens bzw. zu Krankenhäusern hergestellt. Dies schafft eine Grundlage für die anschließende empirische Untersuchung
2. Wie ist die Situation speziell an deutschen Krankenhäusern der Maximalversorgung in öffentlicher Trägerschaft?

   Diese Frage zielt darauf ab, den Status quo im Umgang mit Personalkennzahlen in einer spezifischen Organisationseinheit – nämlich in öffentlichen Maximalversorgungskrankenhäusern – zu erheben. Sie dient der empirischen Verortung und Identifikation struktureller sowie prozessualer Besonderheiten in diesem Segment.
3. Welche Handlungsempfehlungen können für die Personalleitungen / das Personalcontrolling und die oberste Führung für die MaximalversorgerInnen in öffentlicher Trägerschaft aus den Ergebnissen abgeleitet werden?

Ziel dieser Frage ist es, auf Basis theoretischer Grundlagen und empirischer Erkenntnisse praxisrelevante Handlungsempfehlungen zu formulieren, die zur Verbesserung des Einsatzes von Personalkennzahlen in öffentlichen Maximalversorgern beitragen können.

Zusätzlich wird geprüft, ob es eine differenzierte Wahrnehmung zum Thema Personalcontrolling und Personalkennzahlen bei den obersten Leitungen und den Personalleitungen / dem Personalcontrolling gibt. Dies erfolgt über eine Likert-Skala bei ausgewählten Fragen aus dem gleichen Fragebogen.

Annahmen und Beschränkungen

Der empirische Teil ist ein planvoller, zielgerichteter und gut überlegter Vorgang. Trotzdem haben sich Beschränkungen bzw. Limitationen ergeben, die nachfolgend genannt werden sollen, da sie ggf. Einschränkungen aufweisen könnten, jedoch zumindest ein zusätzliches Ziel der Arbeit verhindert haben.

Das zusätzliche Ziel dieser Arbeit war es, Musterdashboards für Krankenhäuser der Maximalversorgung zu erstellen, die ebenso in kleineren Krankenhäusern anwendbar sind. Neun der zehn interviewten Personen hatten zugestimmt, eine Detailauflistung ihrer wichtigsten Personalkennzahlen mit Berechnungsmodell zur Verfügung zu stellen. Trotz Nachfrage wurden die Informationen nicht geliefert, sodass es nicht möglich war, ein Musterdashboard zu entwickeln. Die Angaben aus den Interviews waren ebenfalls nicht ausreichend dafür. Zwar ist die jeweilige Kennzahl benannt, jedoch fehlt das Berechnungsmodell dazu. Deshalb war es so nicht möglich, einen Standard für Krankenhäuser zu erarbeiten.

Eine weitere Beschränkung war die Auswahl der interviewten Personen. Es war nicht einfach, diese zu gewinnen, vorwiegend ging es nur über eine Mund-zu-Mund-Empfehlung. Das war auch in den Interviews spürbar, echtes Interesse an der Thematik war nicht bei allen interviewten Personen gegeben, was zum Teil sehr kurze und knappe Antworten in den einzelnen Interviews mit sich brachte.

Bezogen auf die Ausgewogenheit der interviewten Personen ist es möglich eine Limitation in der Geschlechterverteilung zu sehen. Die Vorstände / Geschäftsführungen waren eine Frau und vier Männer. Die Personalleitungen / das Personalcontrolling waren drei Frauen und zwei Männer.

Trotz der genannten Beschränkungen waren die Ergebnisse aus Sicht der Autorin ausreichend für die Beantwortung der Forschungsfragen.

Definitionen (der verwendeten Fachtermini im Kontext der Untersuchung)

Im Kontext der Krankenhausfinanzierung gibt es Fachtermini, die in der Tabelle 2.2 verwendet wurden. Zum besseren Verständnis der Begriffe in der Tabelle nachfolgend die Definitionen:

- Untere Grenzverweildauer: Mindestaufenthaltsdauer, die Patienten bei einer bestimmten Diagnose im Krankenhaus verbringen sollte; Aufenthalte darunter können zu Kürzungen führen.
- Obere Grenzverweildauer: Maximalaufenthaltsdauer, die Patienten bei einer bestimmten Diagnose im Krankenhaus nicht überschreiten sollte; längere Aufenthalte können finanzielle Nachteile mit sich bringen.
- Durchschnittliche Verweildauer: Durchschnittliche Zeitspanne, die Patienten mit einer bestimmten Diagnose im Krankenhaus verbleiben.
- Relativgewicht durchschnittliche Verweildauer: Kennzahl im DRG-System, die den durchschnittlichen Behandlungsaufwand und die Verweildauer für eine Diagnose abbildet und zur Fallbewertung dient.
- Pflegeerlös pro Tag: Durchschnittlicher Erlös, den ein Krankenhaus pro Pflegetag und Patient/in erzielt.
- Bundesbasisfallwert (2022): Standardisierter monetärer Wert, der 2022 in Deutschland zur Berechnung der Vergütung im DRG-System herangezogen wurde.
- Pflegeerlösbewertungsrelation (2022): Verhältniszahl, die den Pflegeerlös im Verhältnis zum Bundesbasisfallwert im Jahr 2022 darstellt.
- Tatsächliche Verweildauer: Die tatsächliche, gemessene Aufenthaltsdauer eines Patienten im Krankenhaus für eine spezifische Behandlung.

Die Definitionen der Begriffe Organisation, Führung, Controlling und Kennzahlen sind in der Literatur vielfältig beschrieben und deshalb separat in jedem Unterkapitel von Kapitel 3: Literaturrecherche („Stand der Forschung“) – Theoretische Grundlagen ausführlich behandelt. Um unnötige Dopplungen, jedoch einen zusammenhängenden Lesefluss des Kapitel 3 zu gewährleisten wurden die Definitionen dort aufgeführt.

Zusammenfassung

Diese wissenschaftliche Arbeit ist in sechs Kapitel gegliedert, denen folgen ein Literaturverzeichnis und der Anhang, der im elektronischen Zusatzmaterial einsehbar ist.

Kapitel 1 bildet die Einleitung in Form eines Überblicks dieser Dissertation ab. Es wird die Problemstellung erläutert, die im weiteren Verlauf in den Zweck der Forschung und die Relevanz der Studie mündet. Daraus abgeleitet sind die Forschungsfragen. Weiterhin wird die Methodik vorgestellt, um als empirischer Beleg den Ablauf der Untersuchungen zu beschreiben. Beschränkungen der wissenschaftlichen Arbeit werden dargelegt und die Thematik der Definitionen angerissen. Abschließend wird der Aufbau der wissenschaftlichen Arbeit beschrieben und grafisch dargestellt.

Das Kapitel 2 gibt einen zusammenfassenden Überblick über Definition, Struktur, Aufbau und Finanzierung des Gesundheitswesens sowie einen Einblick in die Krankenhauslandschaft und die aktuell laufende Krankenhausreform in Deutschland.

In Kapitel 3 werden die theoretischen Grundlagen von Organisationen, Führung, Controlling und Kennzahlen beleuchtet. Dabei wird jeweils im Unterkapitel auch der Bezug zum Gesundheitswesen bzw. dem Krankenhaus dargestellt. Das Kapitel schließt mit einer Zusammenfassung.

Kapitel 4 und 5 beschreiben den empirischen Teil dieser Dissertation. Dabei wird das Forschungsdesign beschrieben sowie die Datenerfassung, Auswertung und alle Ergebnisse. Beide Kapitel schließen ebenfalls mit einer Zusammenfassung.

Das Kapitel 6 beantwortet die drei Forschungsfragen in Form der Zusammenfassung der Ergebnisse. Es werden die Handlungsempfehlungen an die Zielgruppen, entwickelt aus den Ergebnissen der empirischen Untersuchungen, ausgegeben. Hypothesen und Ausblick, als Empfehlung für die weitere Forschung vollenden dieses Kapitels.

Den Abschuss bilden das Literaturverzeichnis und der Anhang (im elektronischen Zusatzmaterial einsehbar), die im Rahmen der Recherche und Bearbeitung Eingang in diese Dissertation gefunden haben. In der nachfolgenden Abbildung 1.1 ist der gesamte Ablauf prozessual beschrieben.

Zur sprachlichen, stilistischen und formalen Überarbeitung einzelner Passagen wurde das KI-gestützte Sprachmodell ChatGPT (OpenAI GPT-5, 2025) ausschließlich unterstützend eingesetzt. Die Nutzung beschränkte sich auf die Verbesserung von Lesefluss, Kohärenz und präziser Ausdrucksweise; inhaltliche

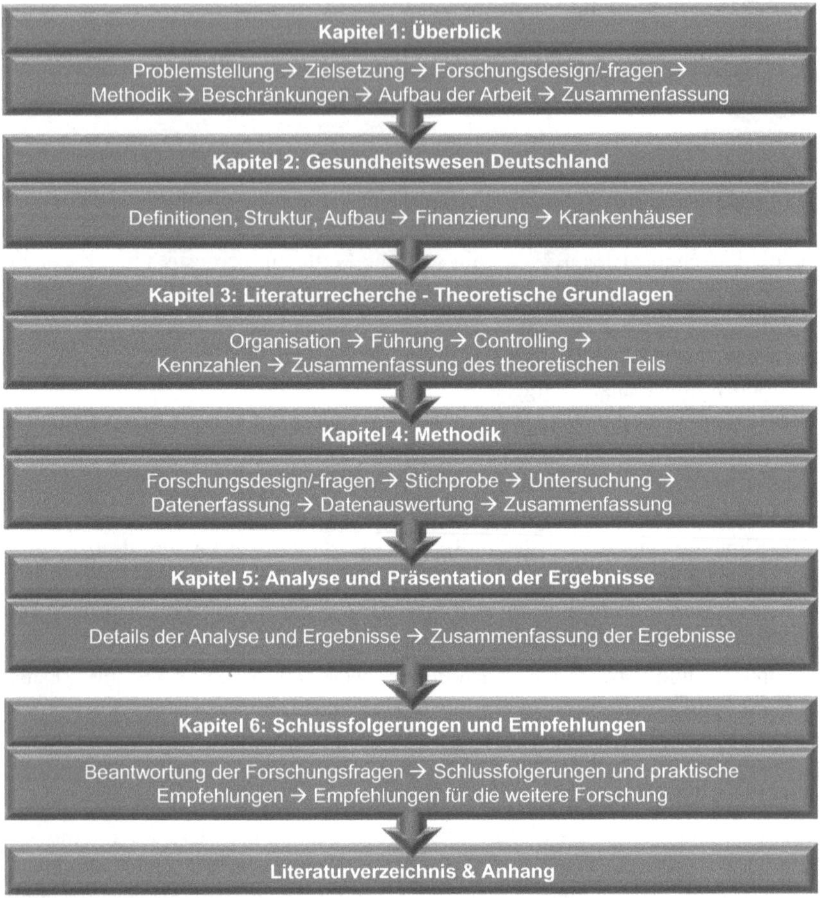

Abbildung 1.1 Aufbau der wissenschaftlichen Arbeit (Eigene Darstellung)

Aussagen, wissenschaftliche Argumentationen und analytische Schlussfolgerungen wurden nicht verändert. Sämtliche fachlichen Bewertungen, Forschungsergebnisse und methodischen Entscheidungen stammen vollständig aus der eigenständigen Arbeit der Autorin dieser Dissertation. Der KI-Einsatz erfolgte im Einklang mit den geltenden wissenschaftlichen Richtlinien sowie den Vorgaben des Signum Magnum College, Malta (AI Policy, 2025).

2 Aspekte des Gesundheitswesens in Deutschland

Das Kapitel 2 gibt einen zusammenfassenden Überblick über das System der sozialen Absicherung, in die Struktur und den Ablauf der Finanzierung im Krankheitsfall sowie einen Einblick in die Krankenhauslandschaft und die derzeit laufende Krankenhausreform in Deutschland. Dieser zusammenfassende Überblick hat das Ziel im Kontext dieser Dissertation das Gesamtbild zu vervollständigen und zusätzliche Informationen bereitzustellen.

Soziale Absicherung

Die deutsche Geschichte und Kultur geht einher mit einer sozialpolitischen Vorstellung von einer Sicherung der Bevölkerung im Krankheitsfall. Bei der Rückschau wird ersichtlich, dass dies nicht nur eine kurze Entwicklung von Jahrzehnten war, sondern es auf eine Entwicklung über Jahrhunderte zurückgeht. Das bedeutet, dass die Genese im Mittelalter angelegt wurde und aus der christlichen Religion den Glaubensanhängern eine Pflicht zur sozialen Fairness auferlegt wurde, um die Gnade im Himmelreich zu erhalten (M. Simon, 2021).

Beginnend mit kirchlichen Hospitälern und im weiteren Verlauf weltlichen Orden begannen sich ab Mitte des 15. Jahrhunderts auch städtische Einrichtungen mit der Versorgung von Kranken auseinanderzusetzen. Hintergrund war hier der Rücklauf der kirchlichen Unterstützung bis hin zur Schließung der Hospitäler durch Veränderungen der Gesellschaft und die Reformation (Jetter, 1987).

Ebenso wurde bereits im Mittelalter die Basis für die heutigen Charakteristika der gesetzlichen Krankenkassen gelegt. In der Zunft wurde ein Anteil an Lohn in eine gemeinsame Kasse gegeben, um von Krankheit Betroffenen finanzielle

B. Wark, *Kennzahlen als Steuerungsinstrument des Personalcontrollings*,
https://doi.org/10.1007/978-3-658-51104-3_2

Hilfe zu leisten. Zuerst nur für die Zunft zugelassen, gab es später eine Durchlässigkeit, jedoch meist immer noch nach dem Berufsstand ausgelegt. Damals musste eine Anbindung an ein Arbeitsverhältnis bestehen. Es bestand eine Versicherungspflicht, die über Beiträge finanziert wurde und sich selbst verwaltete. Es wurden bzw. konnten Familienmitglieder mitversichert werden (M. Simon, 2021).

Somit entwickelten sich damals parallel zwei Grundpfeiler der Gesundheitsversorgung. Zum einem die Krankenhäuser und zum anderen die Finanzierung von Krankheitsphasen, welche beginnend u. a. durch die Lohnfortzahlung der Erkrankten möglich wurde.

Die damalige Vorgehensweise in den Zünften hat sich in die heutigen Krankenkassen nach den gleichen Prinzipien wie damals weitergetragen, jedoch erweitert um das Solidaritätsprinzip, das Subsidiaritätsprinzip und das Sachleistungsprinzip (Bundesministerium für Gesundheit, 2020).

Die soziale Absicherung erfolgt in Deutschland durch die Krankenkassen und über eine gewisse Zeit auch durch den Arbeitgeber. Die Lohnfortzahlung durch den Arbeitgeber ist im Entgeltfortzahlungsgesetz (Bundesministerium für Arbeit und Soziales, 2015) geregelt und beträgt sechs Wochen, anschließend erfolgt die Übernahme der Aufgabe durch die Krankenkassen. Weitere, darüber hinaus gehende Regelungen zur sozialen Absicherung werden häufig in Tarifverträgen vereinbart, wie beispielsweise im Tarifvertrag der Länder unter § 22 (Tarifparteien ver.di und TdL, 2021). Die Krankenkassen werden im Wesentlichen zwischen gesetzlichen und privaten Krankenversicherungen unterschieden. Der überwiegende Teil der Bevölkerung in Deutschland ist mit 88,1 % gesetzlich versichert. Privat versichert sind 10,5 % und 1,4 % fallen unter Sonstige wie z. B. Freie Heilfürsorger, Kriegsschadenrentner (VDEC – Verband der Ersatzkassen, 2022).

Die gesetzlichen Krankenversicherungen stehen vollkommen unter staatlicher Aufsicht und sind selbstverwaltende Körperschaften des öffentlichen Rechts. Aufsichtsbehörde in den Stadtstaaten ist die Senatsbehörde, in den Bundesländern in der Regel das Sozialministerium. Sollte sich die Krankenkasse über das Bundesland hinaus erstrecken, ist das Bundesamt für soziale Sicherung die zuständige Aufsichtsbehörde (M. Simon, 2021). Wesentliche Rechtsvorschriften sind darüber im Sozialgesetzbuch niedergelegt, insbesondere in den Büchern IV und V. Sehr vollumfänglich ist die Aufgabenbeschreibung in § 1 SGB V hinterlegt:

> [...] die Gesundheit der Versicherten zu erhalten, wiederherzustellen oder ihren Gesundheitszustand zu bessern. [...] dabei durch Aufklärung, Beratung und Leistungen zu helfen und unter Berücksichtigung von geschlechts-, alters- und behinderungsspezifischen Besonderheiten auf gesunde Lebensverhältnisse hinzuwirken. (Sozialgesetzbuch (SGB V), Fünftes Buch, Gesetzliche Sozialversicherung, keine Seitenzahl)

Die Beiträge für die gesetzlichen Krankenversicherungen gehen von den ArbeitgeberInnen und den ArbeitnehmerInnen seit dem Jahr 2009 in einen Gesundheitsfond, ebenso wie ein Bundeszuschuss. Die Finanzierung aller Leistungen erfolgt aus diesem Fond als eine Art Gemeinschaftskonto unter Beachtung des Risikostrukturausgleiches (Bundesministerium für Gesundheit, 2020). Im Jahr 2024 umfasste der Gesundheitsfonds 312,5 Mrd. Euro an Gesamteinnahmen (davon 14,5 Mrd. Euro Bundesbeteiligung) bei 316,2 Mrd. Euro Ausgaben; die gesetzlichen Krankenkassen gaben 326,9 Mrd. € aus (Bundesamt für Soziale Sicherung, 2025; Bundesministerium für Gesundheit, 2025a). In der Abbildung 2.1 ist in Anlehnung an Simon (2021) die Struktur des aktuellen Finanzierungssystems vereinfacht grafisch dargestellt.

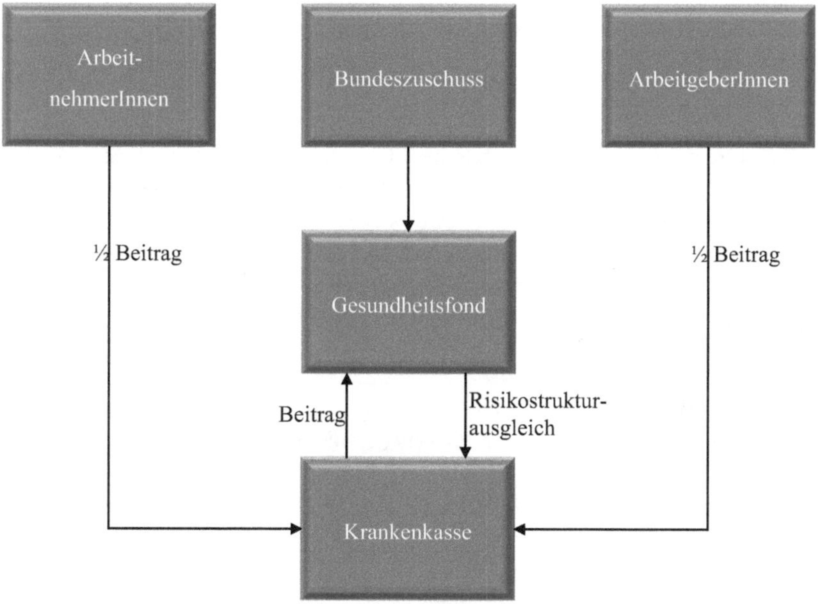

Abbildung 2.1 Finanzierungssystem der gesetzlichen Krankenversicherung. (Eigene Darstellung in Anlehnung an M. Simon, 2021, S. 129)

Die private Krankenversicherung ist eine Individualversicherung, welche von privaten Versicherungsunternehmen realisiert wird. Sie können sowohl ganzheitlich als Krankenversicherung, als auch als Zusatzversicherung zur gesetzlichen Krankenkasse fungieren. Ganzheitlich als Krankenversicherung ist dies nur für

Selbstständige, FreiberuflerInnen, BeamtInnen sowie Beschäftigte mit einem Einkommen oberhalb der Beitragsbemessungspflicht möglich. Für 2025 wurde die Beitragsbemessungsgrenze in der allgemeinen Rentenversicherung erstmals einheitlich (ohne West/Ost-Unterscheidung) auf 8.050 € pro Monat festgesetzt (Bundesministerium für Arbeit und Soziales, 2024). Die wesentlichen Rechtsvorschriften für die PKV sind das Versicherungsaufsichtsgesetz, das Versicherungsvertragsgesetz und teilweise auch das SGB V. Als staatliche Aufsicht ist die Bundesanstalt für Finanzdienstleistungsbedarf zuständig (M. Simon, 2021). Die Berechnung der Beiträge erfolgt nach dem Äquivalenzprinzip. Dabei werden vier Faktoren berücksichtigt:

- Umfang der Versicherungsleistung
- Alter
- Gesundheitszustand bei Versicherungsbeginn
- Geschlecht

Die PKV kann die Beiträge über den Zeitverlauf der Versicherung anpassen. Dafür werden die gleichen rechtlichen Grundlagen zugrunde gelegt wie bei Versicherungsabschluss (Verband der Privaten Krankenversicherung e. V., 2023).

Erwähnenswert ist noch die Pflegeversicherung, welche die gleichen Prinzipien verfolgt wie die Krankenkassen und im Falle der Pflegebedürftigkeit greift. Da sie jedoch nicht im engeren Zusammenhang mit dieser wissenschaftlichen Arbeit steht, wird sie in diesem Kontext der sozialen Absicherung nur mit benannt.

Finanzierungssystem der Krankenhäuser

Die Finanzierung im Bedarfsfall von Kranken und Pflegebedürftigen wird unterschieden in:

- die ambulante ärztliche Versorgung
- die Krankenhausversorgung
- die ambulante Pflege
- die stationäre Pflege

Relevant für den weiteren Themenverlauf ist das Finanzierungssystem der Krankenhäuser in der Struktur ambulant, teilstationär, stationär. Auf die Finanzierung der anderen Versorgungsarten wird nicht weiter eingegangen.

Das Finanzierungssystem der Krankenhäuser wurde im Jahr 1972 als duale Finanzierung festgelegt (Debatin et al., 2022).

Investitionen, je nach Art des Krankenhauses, werden über jährliche bzw. auch mehrjährliche Investitionsprogramme u. a. der Länder als investive Fördermittel sichergestellt. Die Ausgestaltung ist im Landeskrankenhausgesetz bzw. Landeshochschulgesetz angelegt. Jedoch decken sich Investitionsbedarf und dafür bereitgestellte Mittel nicht, da Kliniken permanent investieren müssen. Die Weiterentwicklung, besonders in der Medizintechnik, der IT-Sicherheit und der damit verbundenen baulichen Erfordernisse sind rasant. Um hier unterstützend bzw. auch steuernd einzugreifen, wurden auf Bundesebene über den Krankenhausstrukturfonds, den Innovationsfonds und das Krankenhauszukunftsgesetz weitere Fördermittel bereitgestellt (Debatin et al., 2022). Laufende Betriebskosten und die erbrachten Leistungen werden über Pflegesätze (Entgelte) ausgeglichen, welche jährlich mit den Krankenkassen verhandelt werden. Die Grundlagen für die Abrechnung und Verhandlung sind neben dem SGB V im Krankenhausentgeltgesetz, im Krankenhausfinanzierungsgesetz, in der Bundespflegesatzverordnung und dem Psychiatrie-Entgeltgesetz verankert (Debatin et al., 2022). Ähnlich der ambulanten ärztlichen Versorgung, welche über einen Gebührenkatalog – dem Einheitlicher Bewertungsmaßstab – abgerechnet werden, zuletzt am 01. Januar 2023 aktualisiert (Kassenärztliche Bundesvereinigung, 2023), funktioniert dieses DRG-System. Das DRG-System wurde bereits im Jahr 2003 eingeführt, davor gab es eine Vorbereitungsphase mit Beginn des Jahres 2000. Im ersten Jahr freiwillig und ein Jahr später verpflichtend, erstreckte sich die Einführungsphase bis ins Jahr 2009 und ging danach in einen Regelbetrieb über (Dieterich, 2019). Es dient der Deckelung sowie dem Management der erbrachten Leistungen im Krankenhaus. Es ist ein Patientenklassifizierungssystem, welches Fallgruppen anhand von Kriterien bündelt und aus der Multiplikation von Bewertungsrelationen (im EBM Punktzahlen) und Landesbasisfallwert (im EBM Punktwert) die Vergütung ergibt. Der Landesbasisfallwert wird jährlich zwischen der Landeskrankenhausgesellschaft und den Verbänden der gesetzlichen und privaten Krankenkassen neu vereinbart (M. Simon, 2020). Mit der Tabelle 2.1 werden in Anlehnung an Debatin et al. (2022) die wichtigsten Leistungen und Vergütungen für Krankenhäuser je nach Art aufgezeigt, welche mit den Sozialleistungsträgern zu verhandeln sind.

Die Pflegesätze beinhalten z. B. die Fallpauschalen, Zusatzentgelte, Zuschläge und Abschläge. Für das jeweilige Krankenhaus besteht eine Nachweispflicht der entstandenen bzw. entstehenden Kosten, welche mit den Leistungen, Tarifanpassungen und anderen Gegebenheiten einhergehen. Um ausreichend gegenfinanziert zu sein, sollte mindestens eine Kostendeckung pro Fall erreicht werden.

Tabelle 2.1 Die wichtigsten Leistungen und Vergütungen für Krankenhäuser. (Eigene Darstellung in Anlehnung an Debatin et al., 2022, S. 406)

Art der Leistung	Art der Vergütung
Allgemeine Krankenhausleistung voll- oder teilstationär, stationsäquivalente Behandlung, Frührehabilitation	Pflegesätze (z. B. Fallpauschalen, ZE, Zuschläge, Abschläge)
Vor- und nachstationäre Behandlung	Pauschalvergütung nach Vereinbarung der Vertragsparteien auf Landesebene oder Empfehlung der Vertragsparteien auf Bundesebene
Ambulantes Operieren	Einheitliche Vergütung nach Vereinbarung der Spitzenverbände
Ambulante spezialfachärztliche Versorgung	Diagnosebezogene Gebühren nach Vereinbarung der Spitzenverbände
Ambulante Notfallbehandlung	Vertragsärztliche Vergütung
Ambulante Behandlung → Institutsermächtigung	Vertragsärztliche Vergütung
Ambulante Behandlung → Hochschulambulanzen	Einzel- oder Pauschalvergütung nach Vereinbarung
Ambulante Leistungen → psychiatrischen, psychotherapeutischen und psycho-somatischen Institutsambulanzen sowie der sozialpädiatrischen Zentren	Individuell in Verträgen
Ambulante Leistungen → kinder- und jugendmedizinischen, kinderchirurgischen, kinderorthopädischen, pädaudiologischen und kinderradiologischen Abteilungen	Individuelle fall- oder einrichtungsbezogene Pauschalen nach Vereinbarung
Ambulante Leistungen → geriatrische Institutsambulanzen	Vergütung aus der Gesamtvergütung nach vertragsärztlichen Grundsätzen
Medizinische Versorgungszentren	Vertragsärztliche Vergütung
Ausbildung	Zuschlag je voll- und teilstationärem Fall

Um die Kalkulationsgrundlagen festzulegen und ständig weiterzuentwickeln, wurde das Institut für das Entgeltsystem im Krankenhaus geschaffen. Jährlich werden anhand der übertragenen Daten von Kalkulationshäusern die Berechnungen neu angestellt und ein Katalog ausgegeben. Dabei werden neben den Personalkosten, die Sachkosten und die Kosten der medizinischen und nichtmedizinischen Infrastruktur berücksichtigt, um den relativen Ressourceneinsatz zu ermitteln (Stierle et al., 2019). Um die Qualität in den Kliniken sicherzustellen, werden vom Gemeinsamen Bundesausschuss Vorgaben und Richtlinien aufgesetzt, welche auf die Einhaltung von Strukturen, Prozessen und Ergebnissen abzielen. Bei Nichteinhaltung oder Qualitätsmängeln sind ein Entzug der Vergütung und / oder des Versorgungsauftrages möglich (Debatin et al., 2022).

Seit dem Jahr 2020 sind die Kosten für die Pflege separat abgebildet und nicht mehr in der Fallpauschale enthalten. Diese Personalkosten werden auch extra mit den Krankenkassen verhandelt, als sogenanntes Pflegebudget. Bettenführende Stationen werden über ein vereinbartes Pflegebudget nach den krankenhausindividuellen Pflegepersonalkosten finanziert. Dabei werden tatsächliche Kosten- und Leistungsdaten berücksichtigt (Bundesministerium für Gesundheit, 2021). Alle anderen Personalkosten verblieben in den Fallpauschalen. Deshalb sind die Leistungen der anderen Berufsgruppen und die Ausgabe der dadurch finanzierten Vollzeitkräfte eng miteinander verknüpft und erfordern ein besonderes Controlling.Tabelle 2.2 zeigt ein Fallbeispiel, in dem der Gesamterlös aus dem DRG-Erlös und dem Pflegeerlös dargestellt ist. Das Institut für das Entgeltsystem im Krankenhaus aktualisiert jährlich auf seiner Webseite die Definitionshandbücher (IneK, 2024).

Simon (2020) beschreibt, dass das deutsche DRG-System die Komplexität unserer Versorgung in den Kliniken nicht abbilden kann. Es besteht eine Inhomogenität in den Fallpauschalen, die zu Kostenunterschieden einzelner DRGs führt. Das kann z. B. dazu führen, dass ein Haus nur sich „lohnende Fälle" behandelt (M. Simon, 2020). Dabei wurden mit der Einführung im Jahr 2000 hehre Ziele angesetzt wie:

- Verkürzung der Verweildauern
- Ausgabenstabilisierung der gesetzlichen Krankenversicherung
- leistungsbezogene Vergütung
- hohe Transparenz über Leistungen und Kosten
- Wettbewerb unter den Krankenhäusern
- Förderung des Strukturwandels
- Umsetzung des Prinzips „Geld folgt Leistung" (GKV Spitzenverband, 2021)

Im Ergebnis kam es jedoch durch das DRG-System häufig zu einer falschen Umverteilung zwischen den Krankenhäusern. Beispielsweise Universitätskliniken, die überdurchschnittliche Leistungen und Qualitäten erbringen, haben mehr Kosten, welche jedoch nur durchschnittlich erstattet werden und damit im Ergebnis eine Unterdeckung aufweisen. Da Krankenhäuser sehr personalintensiv sind, gab es insbesondere dort eine interne Umschichtung. So wurden in den Jahren

Tabelle 2.2 Beispielberechnung des Gesamterlöses für eine DRG zuzüglich Pflegeerlös (Eigene Darstellung in Anlehnung an Giebeler & Eisenmenger, 2021, S. 9)

Parameter zur Bewertung	Daten
Fallpauschale	G67B
Untere Grenzverweildauer	2 Tage
Obere Grenzverweildauer	14 Tage
Durchschnittliche Verweildauer	7,8 Tage
Relativgewicht durchsch. Verweildauer	1,12
Pflegeerlös pro Tag	215,00 Euro
Bundesbasisfallwert	3.833,07 Euro
Pflegeerlösbewertungsrelation	0,797
Tatsächliche Verweildauer	9 Tage
DRG-Erlös innerhalb der Verweildauergrenzen	**Berechnung des Pflegeerlöses**
DRG-Erlös = Relativgewicht x Basisfallwert	Pflegeerlös = (Pflegeerlösbewertungsrelation x Anzahl Verweildauertage) x Pflegeentgeltwert
1,12 × 3.833,07 Euro = 4.293,04 Euro	(0,797 × 9) × 215,00 Euro = 1542,19 Euro
Gesamterlös	
DRG-Gesamterlös = DRG-Erlös + Pflegeerlös	
4.293,04 Euro + 1.542,19 Euro = 5.835,23 Euro	
Der / die KostenträgerIn muss 5.835,23 Euro an Erlöse für den Beispielfall an das Krankenhaus erstatten.	

zwischen 2002 und 2007 die Pflege um 10,7 %, das klinische Hauspersonal um 37,1 %, der Wirtschaftsdienst um 27,8 % und der technische Dienst um 12,3 % reduziert. Hingegen wurde der ärztliche Dienst um 14,1 % aufgestockt (Dieterich, 2019). Ab dem Jahr 2007 änderte sich der Trend: Sowohl der ärztliche als auch der nichtärztliche Bereich wuchsen absolut – besonders stark der ärztliche Dienst: von 136.267 (2007) auf 211.994 (2023), das ist ein Plus von 55,6 %; der Anteil am Gesamtpersonal stieg von 12,8 % auf 15,0 % (Statistisches Bundesamt, 2024a; GBE – Gesundheitsberichterstattung des Bundes, 2025). Der nichtärztliche Dienst erhöhte sich im selben Zeitraum von 931.020 auf 1.201.610 Beschäftigte (+29,1 %); auch die Zahl der Schüler/Auszubildenden nahm zu – von 72.869 auf 118.240, das ist ein Plus von 62 % (Statistisches Bundesamt, 2024b; GBE – Gesundheitsberichterstattung des Bundes, 2025). Innerhalb des nichtärztlichen Personals blieb der Pflegedienst die größte Gruppe; zum 31.12.2023 wurden 528.323 Pflegebeschäftigte gezählt. Gegenüber 2020 (486.100) entspricht dies einem Zuwachs von rund + 8,7 % (GBE – Gesundheitsberichterstattung des Bundes, 2025). Zugleich ist der Teilzeitanteil stark gewachsen – Pflege 49,5 % und ärztlicher Dienst 32,1 % (GBE – Gesundheitsberichterstattung des Bundes, 2025). Andere Bereiche wuchsen moderater bzw. blieben klein wie z. B. der medizinisch-technische Dienst, Funktionsdienst, Verwaltungsdienst, Wirtschafts- & Versorgungsdienst und technischer Dienst (GBE – Gesundheitsberichterstattung des Bundes, 2025). Zu beachten ist das Outsourcing (z. B. Reinigung/Essensversorgung), diese Bereiche sind in der amtlichen Krankenhausstatistik untererfasst (Institut Arbeit und Qualifikation, 2024). Aus dem Ungleichgewicht zwischen ärztlichen Dienst und Pflege sowie den absoluten Anstieg der Personalzahlen entstand bzw. entsteht eine Unterfinanzierung.

Politisch wurde z. B. über Pflegepersonaluntergrenzen versucht, gegenzusteuern. Jedoch sind die Bemühungen nicht ausreichend. Dabei sind die Prozesse und die Qualität, welche maßgeblich vom ärztlichen Dienst und vom Pflegedienst verantwortet werden, von größter Bedeutung. Deshalb ist es zwingend erforderlich, ausreichend Personal in beiden Dienstarten vorzuhalten, damit die Qualität gewährleistet werden kann und die Prozesse flüssig abgewickelt werden können. Neben einem guten Ergebnis spiegelt sich das auch in einer gesteigerten Patientenzufriedenheit wider (M. Simon, 2020).

Verstärkt durch die Corona-Pandemie, wurden in den letzten Jahren die Stimmen immer lauter, das DRG-System zu ersetzen oder ganz abzuschaffen. Petitionen von z. B. Bunte Kittel, Forderungen der Gewerkschaften ver.di und Marburger Bund sowie Anträge an die Bundesregierung haben die Diskussionen weiter angeheizt, so dass der ehemalige Bundesgesundheitsminister Lauterbach am 17. November 2022 eine Krankenhausreform angekündigt hatte, inklusive weiterer Finanzhilfen (Mau, 2022). Sinnvoll hingegen erscheint die Beibehaltung der Fallpauschalen und Anpassung an die tatsächlichen Gegebenheiten, weil die Einführung eines neuen Systems aufwendig wäre und auch seine Tücken hätte. Mit dem bestehenden System sind alle Beteiligten vertraut und entsprechende Anpassungen könnten viel besser greifen (Hildebrandt, 2021). In der weiteren Folge gab es eine Stellungnahme und Empfehlung der Regierungskommission für eine moderne und bedarfsgerechte Krankenhausversorgung, die weitreichende Veränderungen vorschlägt: Diese haben in Teilen Eingang in das Krankenhausversorgungsverbesserungsgesetz gefunden (Regierungskommission für eine moderne und bedarfsgerechte Krankenhausversorgung, 2022).

Mit Inkrafttreten des KHVVG werden z. B. jetzt auch die Kosten für den ärztlichen Dienst vollständig gegenfinanziert; das sogar rückwirkend für das Jahr 2024. Zusätzlich ist im Gesetz vorgegeben, dass Tarifanpassungen kurzfristig berücksichtigt werden müssen (Bundesministerium für Gesundheit, 2024b). Das ist eine positive Weiterentwicklung für die Personalbewirtschaftung der Krankenhäuser, die nun den größten Teil der Personalkosten entsprechend frühzeitig und vollständig abgebildet bekommen.

Krankenhäuser

Struktur

Im Krankenhausfinanzierungsgesetz ist festgelegt, welche Einrichtungen unter die Bezeichnung Krankenhaus fallen. § 2 des KHG besagt, Krankenhäuser sind:

> [...] Einrichtungen, in denen durch ärztliche und pflegerische Hilfeleistung Krankheiten, Leiden oder Körperschäden festgestellt, geheilt oder gelindert werden sollen oder Geburtshilfe geleistet wird und in denen die zu versorgenden Personen untergebracht und verpflegt werden können, [...](Bundesrepublik Deutschland, 2022, keine Seitenzahl)

Neben der Krankenversorgung sind sie auch für die Ausbildung der Gesundheitsberufe zuständig und sind ein wichtiger Zweig in der Gesundheitswirtschaft. Krankenhäuser können unterschiedlich geclustert werden, dabei ist die erste Einteilung:

- Allgemeine Krankenhäuser
- Sonstige Krankenhäuser
    - Krankenhäuser mit ausschließlich psychiatrischen, psychotherapeutischen oder psychiatrischen, psychotherapeutischen und neurologischen und / oder geriatrischen Betten
    - Reine Tages- und Nachtkliniken
    - Bundeswehrkrankenhäuser

Die zweite Einteilung darunter erfolgt:

- Nach Bettenzahl

- Nach Trägerschaft
- Nach Art der Zulassung
- Nach Förderung
- Nach der Zahl der Fachabteilungen (Statistisches Bundesamt, 2023c; M. Simon, 2021)

Bei der Anzahl der Betten wird auch häufig von Krankenhäusern der Grundversorgung (bis ~250 Betten), Regelversorgung (bis ~500 Betten) und Maximalversorgung gesprochen. Wobei die genaue Bettenanzahl von Bundesland zu Bundesland geringfügig divergiert. Zu den Häusern der Maximalversorgung gehören die Universitätskliniken, welche neben der Krankenversorgung noch diverse hoheitliche Aufgaben im Auftrag des Landes sowie die Lehre der Gesundheitsberufe insbesondere der Medizin und der Zahnmedizin, und die Forschung bewältigen müssen.

Gemäß Statistischem Bundesamt gab es im Jahr 2021 insgesamt 1887 Krankenhäuser, davon waren 547 in öffentlicher Trägerschaft, 607 freigemeinnützig und 733 private Krankenhäuser. Von den insgesamt 1887 Krankenhäusern waren 91 Krankenhäuser der Maximalversorgung, davon 36 Universitätskliniken (Statistisches Bundesamt, 2023c).

Die Aufbauorganisation eines Krankenhauses ist zumeist unterteilt in den ärztlichen Dienst, den Pflegedienst und die Verwaltung. An Universitätskliniken kommt noch die medizinische Fakultät hinzu. Die Abteilungsstruktur richtet sich in allen vier Bereichen nach den Fachgebieten. Darüber hinaus ist es üblich geworden, dass sich verschiedene medizinische Fachgebiete in einer Zentrumsstruktur zusammenfinden, die sich nach Organsystemen ausrichten. Diese gewährleisten eine verbesserte interdisziplinäre Zusammenarbeit und Gesamtversorgung der PatientInnen.

Mit der Umsetzung des KHVVG muss die Einteilung und die Aufbauorganisation neu gedacht werden, da die Betten und Fachgebiete durch Leistungsgruppen und Leistungsbereiche abgelöst werden.

Planung

Die Krankenhausplanung ist Ländersache und findet sich in der Regel im jeweiligen Landeskrankenhausgesetz und der daraus folgenden Krankenhausplanung wieder. In einem Landeskrankenhausgesetz können die Regelungen aus den Bundesgesetzen SGB V, Krankenhausentgeltgesetz, im Krankenhausfinanzierungsgesetz weiter ausdifferenziert werden. Vor allem aber werden darin auch die gesetzlichen Rahmenbedingungen für die Krankenhausplanung und die Fördermittel des Landes für Plankrankenhäuser – also u. a. auch die Finanzierung von Investitionsmitteln – festgelegt. Ebenso ist definiert, wer die Planungsbeteiligten sind sowie Ihre jeweilige Rolle in diesem Gremium. In Mecklenburg-Vorpommern ist das beispielsweise im LKHG M-V im Abschnitt 3 Krankenhaus- und Investitionsplanung geregelt (Land Mecklenburg-Vorpommern, 2011).

In den meisten Bundesländern ist der Krankenhausplan als Rahmenplan definiert, der regelmäßig fortgeschrieben wird, entsprechend den notwendigen Bedarfen. Der Krankenhausplan ist kein Gesetz, sondern eine Regelung für das verwaltungsinterne Handeln der Krankenhausplanungsbehörde, in dem die gesetzlichen Forderungen aus den Bundes- und Landesgesetzen operationalisiert wurden.

Die Krankenhäuser beantragen die geplanten bzw. auch schon vollzogenen Änderungen. Der Antrag wird durch die Krankenhausplanungsbehörde auf Bedarf, Geeignetheit sowie die aktuelle Konkurrenzsituation geprüft und in der Sitzung der Planungsbeteiligten vorgestellt. In diesem Gremium wird die angestrebte Anpassung im Krankenhausplan diskutiert und per Abstimmung entschieden. Im LKHG M-V ist dazu beispielsweise geregelt, dass ein Einvernehmen mit den unmittelbar an der Krankenhausplanung Beteiligten anzustreben ist (Land Mecklenburg-Vorpommern, 2011). Wird dieses Einvernehmen nicht erreicht, wird im Rahmen des Verwaltungsvorgangs ein MinisterInnenentscheid eingeleitet und der Antrag entsprechend des Ausgangs dieser Entscheidung beschieden.

Diese Art der reaktiven und nicht proaktiven Planung führt zu Teil zu besonderen Situationen und ist auch schuld an der heutigen Krankenhauslandschaft. Ein gutes Beispiel dafür ist die Schlaganfallversorgung in Mecklenburg-Vorpommern. Der Krankenhausplan sieht hier unter dem Kapitel 6: Besondere Aufgaben, Fachkrankenhäuser, Zentren im Abschnitt 6.1.4 Schlaganfallversorgung vor, dass nur Krankenhäuser mit einer zertifizierten Stroke Unit die im Krankenhausplan aufgeführt sind, Schlaganfallpatienten behandeln dürfen (Ministerium für Soziales, Gesundheit und Sport, 2025). Der Rettungsdienst hat dazu eine fachliche Weisung, die entsprechend umzusetzen ist. Hintergrund dieser Regelung ist, die durch viele Studien belegte, höhere Überlebensrate und geringere Schadensrate am Gehirn bei gezielter Behandlung. Rostock hat für die Versorgung der Stadt und des Landkreises eine überregionale Stroke Unit in Rostock und eine regionale Stroke Unit in Güstrow. Ein zweites Krankenhaus in Rostock hatte ohne Antrag auf Aufnahme in den Krankenhausplan eine Stroke Unit eröffnet. Das Sozialministerium hat über eine fachliche Weisung an den Rettungsdienst hier aktiv eingegriffen – eine andere Möglichkeit über die Krankenhausplanungsbehörde haben das LKHG M-V und der Krankenhausplan rechtlich nicht zugelassen. Im Ergebnis der Vorgehensweise wurden durch das Krankenhaus und einzelne Notärzte die Medien und die Opposition im Land stark genutzt, um die Interessen dieser Klinik mit aller Macht durchzusetzen. Über mehrere Monate war das Thema hoch frequentiert in allen regionalen Medien und dem Sozialausschuss im Landtag bis hin zu persönlichen Angriffen der zuständigen Leitung der Gesundheitsabteilung (Meyer, 2023). Das Beispiel zeigt sehr gut, das unzureichende Regelungen innerhalb der Krankenhausplanung und reaktives Planungsverhalten einer Krankenhausplanungsbehörde die sinnvolle Gestaltung der Krankenhauslandschaft nachhaltig negativ beeinträchtigen kann. Das ist dann u. U. auch abhängig davon, wie stark der politische Druck im jeweiligen Thema wächst.

Aktuelle Situation im Krankenhauswesen

Der durch die Einführung des DRG-Systems gewünschte Effekt des Wettbewerbs zwischen Krankenhäusern ist angekommen. Ob das gut und sinnvoll ist, wird nicht in jedem Fall so betrachtet. Natürlich sollte auch ein Krankenhaus wirtschaftlich arbeiten, jedoch wird nicht umsonst von der Gesundheitswirtschaft gesprochen. Dabei gibt es häufig kaum Einschränkungen, wenn eine Klinik im Landesbettenplan verankert ist. Gutes Marketing, Methoden nach Vertriebsart und gute Beziehungen zu den lokalen Politikern und Medien generieren erweiterte Erlösmöglichkeiten. Dabei stimmen sich die Kliniken nicht untereinander ab bzw. schafft das jeweilige Land wenige Vorgaben bzgl. einer breiten Grundversorgung an Basisleistungen für die Bevölkerung. Schweregrad und Case-Mix-Index stehen im Vordergrund, statt Daseinsvorsorge und Gemeinwohl (Hildebrandt, 2021). Kliniken mit hoheitlichen Aufgaben und speziellen Versorgungsaufträgen vom Bundesland beauftragt, wie z. B. Universitätskliniken, sind häufig die Leidtragenden, da sie je nach Aufgabe deutlich höhere Vorhaltekosten haben. Dazu kommt meist ein höherer Schwergrad an Erkrankungen durch die Spezialisierung. Alles zusammen führt dazu, das oft nicht kostendeckend gearbeitet werden kann, schon gar nicht gewinnbringend.

Abbildung 2.2 zeigt die finanzielle Entwicklung der Universitätskliniken von 2015 bis 2022. Ab dem Jahr 2020 ist zusätzlich aufgezeigt, wie hoch die Summe ohne Landeszuschüsse gewesen wäre.

Der Verband der Universitätsklinika Deutschland hat eine Umfrage bei 31 Universitätskliniken durchgeführt. Dabei wurde ermittelt, dass zusammengefasst die Jahresergebnisse aus 2022 ein Defizit von rund 305 Millionen Euro ausweisen

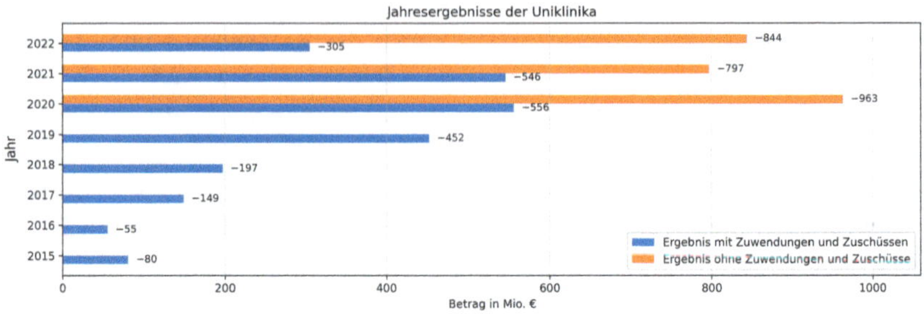

Abbildung 2.2 Jahresergebnisse der Universitätskliniken 2015 – 2022. (Eigene Darstellung nach Daten des Verband der Universitätsklinika Deutschland, 2024, keine Seitenzahl)

(Verband der Universitätsklinika Deutschland, 2024). Offizielle Schätzungen für die Universitätskliniken für die Folgejahre liegen nicht vor.

Das Deutsche Krankenhausinstitut hat in einer Umfrage im Jahr 2022 im Krankenhaus Barometer veröffentlicht, dass nur noch 20 % der Krankenhäuser in Deutschland ein positives Jahresergebnis für das Jahr 2022 erwarten. 56 % der Krankenhäuser prognostizieren eine weiter Verschlechterung im Jahr 2023 und eine drohende Insolvenzwelle (Blum et al., 2022). Aktuelle Erhebungen zeigen eine deutliche Verschärfung: 61 % der Krankenhäuser verzeichneten 2023 Verluste; für 2024 erwarteten 79 % ein negatives Jahresergebnis, und 65 % blickten für 2025 pessimistisch auf die wirtschaftliche Entwicklung (Deutsches Krankenhausinstitut, 2024).

Auch die demografischen Veränderungen und der damit verbundene Fachkräftemangel sind inzwischen im Krankenhaus angekommen. Das Statistische Bundesamt hat in einer Pressemitteilung im Jahr 2019 erklärt, dass die Bevölkerung im Erwerbsalter bis 2035 um bis zu vier bis sechs Millionen sinken wird. Das passiert trotz Zuwanderung und gestiegener Geburtenzahlen. Parallel dazu wird die Alterung der Bevölkerung durch die verlängerte Lebenserwartung steigen. Es wurde prognostiziert, dass bis zum Jahr 2039 die Personen ab 67 Jahre von 15,9 Millionen im Jahr 2018 auf 21 Millionen steigen (Statistisches Bundesamt, 2019). Im Umkehrschluss bedeutet das für die Kliniken, dass sie deutlich ältere und damit verbunden multimorbidere PatientInnen bei gleichzeitig weniger verfügbaren Fachkräften, zu versorgen haben.

Die Deutsche Krankenhausgesellschaft hat im August 2022 eine Umfrage zu Krankenhaus und Gesundheitsversorgung unter der Bevölkerung durchgeführt.

Die Ergebnisse wurden im Oktober 2022 mittels einer Pressekonferenz veröffentlicht. Die Grundgesamtheit war die Bundesbevölkerung ab 16 Jahren und die Stichprobengröße 5000 Personen. Dabei gaben 44,3 % der Befragten an, mit der Krankenhausversorgung zufrieden zu sein. 28,8 % waren unzufrieden und 24,1 % antworteten mit teils / teils. Zur Thematik Handlungsbedarf im Gesundheitswesen gaben 41,6 % zu wenig Zeit des Personals für Patientinnen und 25,4 % zu lange Wartezeiten bei Arztterminen an. Die Bereitschaft für eine bessere Personalausstattung höhere Krankenversicherungsbeiträge zu akzeptieren, lag nur bei 36,3 %. Stabile Beiträge und dafür weniger Krankenhäuser fanden ebenfalls eine geringe Zustimmung mit 22 %. Dazu wurde noch die maximal akzeptable Entfernung zur Klinik abgefragt, welche bis zehn Minuten bei 19,6 %, bis 20 Minuten bei 36,4 % und bis 30 Minuten bei 32 % lag. Länger als 30 Minuten lag dann nachfolgend immer unter 5 % (Deutsche Krankenhausgesellschaft, 2022). Zusammenfassend lässt sich sagen, dass nicht einmal die Hälfte der Bevölkerung zufrieden mit den Kliniken ist. Dabei ist die geringe Zeit des Personals für den PatientInnen und die langen Wartezeiten die Hauptgründe. Die Menschen wollen keine weiteren Erhöhungen der Versicherungsbeiträge bei eine Krankenhausverfügbarkeit innerhalb von 30 Minuten.

Die Krankenhäuser stehen noch vor einer weiteren wichtigen Herausforderung, der Digitalisierung und den damit verbundenen digitalen Transformationsprozessen. Die Vorteile für PatientInnen, die Pflege und die Ärzteschaft liegen dabei auf der Hand. Die gebundenen Ressourcen für die analogen Vorgänge stehen zurzeit nicht den PatientInnen zur Verfügung bzw. kosten sehr viel Geld. Beispielsweise ist die Buchung eines Arzttermins nicht einfach online möglich ist. Das lässt erkennen, wie weit das Gesundheitswesen z. B. im Vergleich mit einem Restaurant digital im Rückstand ist (KPMG, 2021). Andere Länder in Europa wie z. B. Estland oder Dänemark, sind Deutschland weit voraus. Das betrifft sowohl den Ausbau der Telemedizin, die elektronische Patientenakte als auch virtuelle Assistenzsysteme, Analyseunterstützungen, unterstützende KI, Fernüberwachung etc. (Angerer et al., 2019). Inzwischen geht es jedoch schrittweise voran, auch wenn sich immer noch eine breite Masse der Mitwirkenden im Gesundheitswesen unter dem Mantel der „Angst vor Datenklau“ und der Komplexität dagegen wehren (KPMG, 2021). Das Klinikum Darmstadt hat im Jahr 2015 z. B. seinen Mitarbeitenden iPads übergeben. Damit verbunden war das Ziel relevante Befunde der zu betreuenden PatientInnen jederzeit verfügbar zu haben (Zukunftsinstitut, 2022). Die Schnelligkeit und der Komfort dieser Informationsversorgung findet immer mehr Fürsprache.

Krankenhausreform

Seit der Rede des ehemaligen Gesundheitsministers Lauterbach im November 2022, stand fest, dass es eine Krankenhausreform geben wird (Mau, 2022). Die gesellschaftspolitischen Dimensionen des Reformprozesses zielen darauf ab, die Krankenhauslandschaft in Deutschland zukunftsfähig zu gestalten. Im Mittelpunkt steht die Sicherstellung einer flächendeckenden, qualitativ hochwertigen Versorgung und die Entbürokratisierung der Krankenhausstrukturen. Dabei wird besonders auf die demografische Entwicklung und den damit verbundenen Fachkräftemangel reagiert. Die Reform soll die Arbeitsbedingungen im Krankenhaussektor verbessern und die Attraktivität der Berufsbilder darin steigern (Bundesgesundheitsministerium, 2024). Ein zentrales Anliegen des KHVVG ist die Förderung der Kooperation zwischen Krankenhäusern. Durch die Bildung von Krankenhausverbünden sollen Spezialisierungen und eine effizientere Nutzung von Ressourcen erreicht werden. Dies soll nicht nur die Qualität der Versorgung erhöhen, sondern auch zur finanziellen Stabilität der Einrichtungen beitragen (Haufe Online Redaktion, 2024).

Die Notwendigkeit und Dringlichkeit zur Reform ergeben sich darauffolgend aus mehreren Faktoren:

- Demografischer Wandel: Die Bevölkerung in Deutschland altert, was zu einem erhöhten Bedarf an medizinischer Versorgung führt (Solidaris, 2025).
- Fachkräftemangel: Es gibt einen zunehmenden Mangel an qualifiziertem Personal im Gesundheitswesen, insbesondere in ländlichen Regionen (Reimbursement Institute, 2023).
- Finanzielle Belastung: Viele Krankenhäuser stehen unter finanziellen Druck, was die Qualität der Versorgung gefährden kann (Bundesgesundheitsministerium, 2024).

Es geht in der Krankenhausreform jedoch nicht nur um eine verbesserte Finanzierung, sondern auch um Veränderungen der Strukturen. Sowohl Hildebrandt als auch Noetzel haben im Jahr 2021 eine deutschlandweite Struktur von Basis- und Spezialkrankenhäusern beschrieben. Dabei sollen Kliniken für die Basisleistungen nach Bevölkerungsdichte vorhanden sein und eine breite Behandlungspalette der häufigsten Krankheitsbilder anbieten. Die Häuser, welche für die Spezialversorgung zuständig sein sollen, sind ebenfalls geschlüsselt und entsprechend seltener. Dort kann eine höherwertige medizinische Versorgung bei besserer personeller und apparativer Ausstattung erfolgen. Universitätskliniken sollen in die Spezialversorgung eingebunden werden. Die finanziellen Mittel werden entsprechend der medizinischen Aufgaben ausgeschüttet (Hildebrandt, 2021; B. Simon & Krämer, 2021). Die Regierungskommission für eine moderne und bedarfsgerechte Krankenhausversorgung hat eine ähnliche Struktur der Kliniken nach Leveln vorgeschlagen. Dazu kommen sollte, die Einführungen von Vorhalteleistungen und die Definition von Leistungsgruppen (Regierungskommission für eine moderne und bedarfsgerechte Krankenhausversorgung, 2022). Nach großen Diskussionen zwischen Bund und Ländern sowie zahlreichen Anmerkungen von Verbänden und Krankenhäusern wurde am 10. Juli 2023 ein gemeinsames Eckpunktepapier Krankenhausreform (Bundesministerium für Gesundheit, 2023a) aller Bundesländer und dem Bundesministerium für Gesundheit verabschiedet, welches die Inhalte der Reform genauer definierten.

Neben dem wichtigsten Anliegen der Daseinsfürsorge und damit der Gewährleistung der Versorgungssicherheit, gibt es im Eckpunktepapier drei festgeschriebene Ziele der Krankenhausreform:

- Entökonomisierung
- Steigerung der Behandlungsqualität
- Entbürokratisierung (Bundesministerium für Gesundheit, 2023b)

Es wurde eine Redaktionsgruppe gebildet, bestehend aus Vertretern von vier Bundesländern und dem Bundesministerium für Gesundheit. Diese stimmte sich regelmäßig zur Erstellung des Gesetzesentwurfes des Krankenhausversorgungsverbesserungsgesetztes – kurz KHVVG – ab. Das Gesetz ist am 12. Dezember 2024 in Kraft getreten (Bundesministerium für Gesundheit, 2024b).

Trotzdem gibt es weiterhin viel Diskussionsbedarf und die Krankenhäuser sehen sich in vielen Punkten benachteiligt. Die Leistungsgruppen sind an den bereits entwickelten Leistungsgruppen von Nordrhein-Westfahlen ausgerichtet, dennoch sind die Strukturvoraussetzungen schärfer als im Landeskrankenhausplan von Nordrhein-Westfahlen definiert. B. Das ist insbesondere ein Problem für die Flächenländer wie z. Mecklenburg-Vorpommern und Brandenburg. Mecklenburg-Vorpommern wurde damals als Stimme für die neuen Bundesländer mit in die Redaktionsgruppe aufgenommen, um die Besonderheiten der Flächenländer zu vertreten. Zum Teil fanden die Besonderheiten der Flächenländer mit wenig Bevölkerung im KHVVG dann auch Berücksichtigung, wie z. B. bei den diversen neuen Regelungen für die Sicherstellungshäuser. Dennoch sind die darin enthaltenen Lösungen nicht vollständig zufriedenstellend, da das KHVVG maßgeblich auf die Reduktion von Krankenhäusern abzielt. Das ist für z. B. standortreiche Regionen an Krankenhäusern sinnvoll, jedoch nicht für bevölkerungsarme Flächenländer. Auch hier ist das Beispiel Mecklenburg-Vorpommern wieder hinweisgebend: 23.174 km^2 für 1,6 Mio. Menschen (Landesamt für Landwirtschaft, Lebensmittelsicherheit und Fischerei Mecklenburg-Vorpommern, 2025) – es ist fast unmöglich die vorgegebenen Fahrzeiten des KHVVG von 30 bzw. 40 Minuten für die grundversorgenden Fachrichtungen mit 37 Krankenhäusern flächendeckend zu gewährleisten.

Das es bis heute vom Bundesgesundheitsministerium keine Auswirkungsanalyse gibt ist insbesondere die Vorhaltefinanzierung eine große Unbekannte. Begonnen von der zukünftigen Abwicklung, der Berechnung und was passiert bei Wegfall einer Leistungsgruppe. Die tatsächliche Berechnung der Leistungsgruppen erfolgt über das InEK nach der Erstzuweisung der Leistungsgruppen durch die Krankenhausplanungsbehörde. Ein Wegfall einer Leistungsgruppe findet nur verzögert in der Vorhaltevergütung Berücksichtigung und eine Fallzahlsteigerung oder -verringerung wird erst ab einer Veränderung ab + /−20 % wirksam. Bei Anwendung einer Planfallzahl durch die Krankenhausplanungsbehörde entfällt der Korridor und die Finanzierung kann dadurch umgelenkt werden, um z. B. kleinere Häuser zu stützen. Das geht jedoch zu Lasten der anderen Krankenhäuser im Bundesland, da die Größe des Finanzvolumens pro Bundesland auf Basis der bisherigen Fallzahlen festgelegt ist und nicht erhöht wird. Es gibt viele Fallstricke in der Umsetzung, die bedacht werden müssen. Hinzu kommt, dass weitere Reformen und Gesetze im Kontext der Krankenhausreform angeschoben wurden, wie z. B. das Transparenzgesetz, die Notfallreform, die Reform des Rettungsdienstes. Alles parallel und mit sehr kurzen Zeitfenstern. Durch das Ende der Ampelkoalition und die Neuwahl der Bundesregierung im Jahr 2025 sind die Notfallreform und die Reform des Rettungsdienstes in den Hintergrund getreten. Außerdem kamen mit den Koalitionsvertrag zwischen der CDU / CSU und der SPD Änderungen des KHVVG hinzu, die bis zum Sommer 2025 eingearbeitet sein sollen. Inhaltlich sind die geplanten Veränderungen insbesondere ab Seite 108 mit Bezug auf das KHVVG zu finden, wie z. B. die Anpassung der Leistungsgruppen, besondere Beachtung für den ländlichen Raum, Verlängerung der Konvergenzphase etc. (CDU/CSU & SPD, 2025). Am 05. August 2025 wurde dafür der Entwurf eines Gesetzes zur Anpassung der Krankenhausreform (Krankenhausreformanpassungsgesetz – KHAG) durch das Bundesgesundheitsministerium in die Anhörung gegeben (Ministerium für Gesundheit, 2025b). Das Inkrafttreten des KHAG ist für den März 2026 vorgesehen.

Bis die Leistungsgruppensystematik des KHVVG zum 01.01.2027 in den Krankenhäusern tatsächlich greift, haben die Bundesländer, insbesondere die

Krankenhausplanungsbehörden die Aufgabe, die gesetzlichen und untergesetzlichen Voraussetzungen zu schaffen. Es müssen die jeweiligen Landeskrankenhausgesetze und die Landeskrankenhausplanung angepasst sowie die Leistungsgruppen nach genauer Analyse per Bescheid an die Krankenhäuser vergeben werden. Das alles unter der genannten Prognose aus dem Krankenhaus Barometer 2022 schürt große Bedenken im Management der Kliniken und kann zahlreiche Risiken für die Versorgung bedeuten, falls Häuser deshalb wegfallen, insbesondere in Bundesländern mit großen Flächen bei geringer Bevölkerung wie z. B. Mecklenburg-Vorpommern und Brandenburg.

Weiter am Beispiel von Mecklenburg-Vorpommern: das neue Landeskrankenhausgesetz befindet sich aktuell im Landtag (Landtag Mecklenburg-Vorpommern, 2025). Die erste Lesung hat stattgefunden und der Gesetzentwurf wurde in die Ausschüsse gegeben. Ziel der dortigen Krankenhausplanungsbehörde ist ein Inkrafttreten zum 01.12.2025. Parallel wird der 6. Krankenhausplan M-V erarbeitet. Das KHVVG sieht unter Artikel 1, Änderungen im SGB V unter Punkt 14, § 275a vor, dass die Erfüllung der Strukturvorgaben der Leistungsgruppen vor Vergabe der Leistungsgruppen geprüft werden muss. Diese Prüfung soll der Medizinische Dienst vornehmen. Dazu muss der Medizinische Dienst von der Krankenhausplanungsbehörde bis Ende September 2025 beauftragt werden. Der Medizinische Dienst hat dann bis zum Sommer 2026 Zeit diese Prüfungen vorzunehmen und das Ergebnis der Krankenhausplanungsbehörde zu übermitteln. Mit dieser Entscheidungsgrundlage muss die Krankenhausplanungsbehörde bis zum Ende des Jahres die Bescheide für die Leistungsgruppenzuweisung an die Krankenhäuser zugestellt haben, damit zum 01.01.2027 die Umstellung auf die Leistungsgruppensystematik beginnen kann (Bundesministerium für Gesundheit, 2024b). Aus diesem Zeitverlauf ergibt sich auch der Zeitplan für die Fertigstellung des Landeskrankenhausplanes unter Beteilung der an der Krankenhausplanung Beteiligten.

Im Hinblick auf die Thematik dieser Dissertation ergeben sich zwei Implikationen.

Implikationen für das Personalmanagement

Das Personalmanagement wird durch das KHVVG vor neue Herausforderungen gestellt:

- Personalgewinnung und -bindung: Durch die Verbesserung der Arbeitsbedingungen sollen mehr Fachkräfte gewonnen und langfristig gehalten werden (Haufe Online Redaktion, 2024).

- Weiterbildung und Qualifizierung: Die kontinuierliche Fortbildung des Personals wird gefördert, um den sich wandelnden Anforderungen gerecht zu werden (Reimbursement Institute, 2023).
- Arbeitszeitgestaltung: Flexible Arbeitszeitmodelle sollen die Vereinbarkeit von Beruf und Privatleben verbessern (Solidaris, 2025).

Mit den Maßnahmen soll die Attraktivität des Krankenhaussektors erhöht und die Qualität der Versorgung gesichert werden.

Implikationen für Personalkennzahlen

Die Einführung des KHVVG erfordert eine Anpassung der Personalkennzahlen. Nachfolgend einige Beispiele:

- Anzahl der Fachärzte pro Leistungsgruppe: Zur Erfüllung der Strukturvoraussetzungen
- Arbeitsbelastung: Kennzahlen zur Arbeitsbelastung helfen, die Effizienz der Arbeitsprozesse zu messen (Reimbursement Institute, 2023).
- Fluktuation: Die Analyse der Mitarbeitendenfluktuation gibt Aufschluss über die Zufriedenheit und Bindung der Mitarbeitende (Haufe Online Redaktion, 2024).
- Weiterbildungsquote: Kennzahlen zur Weiterbildung zeigen, wie gut das Personal auf zukünftige Anforderungen vorbereitet ist (Solidaris, 2025).

Diese und weitere Kennzahlen sind entscheidend, um die Auswirkungen der Reform auf das Personal zu überwachen und gegebenenfalls Anpassungen vorzunehmen.

Aus den Ausführungen wird ersichtlich wie hochkomplex die Krankenhausreform ist und welche Herausforderungen für alle Beteiligten bestehen und anstehen. Trotzdem ist es eine vielversprechende Zukunft, da damit die Qualität weiter und auch besser gesichert werden kann und die Ausrichtung auf eine moderne Krankenhausversorgung und nicht mehr auf Gewinnmaximierung ausgerichtet sein soll.

Literaturrecherche („Stand der Forschung") – Theoretische Grundlagen

3

Im Kapitel 3 werden das Forschungsparadigma und die theoretische Ausrichtung der Dissertation vorgestellt. In der weiteren Folge stehen die theoretischen Grundlagen von Organisationen, Führung, Controlling und Kennzahlen im Fokus. Dabei wird jeweils im Unterkapitel auch der Bezug zum Gesundheitswesen bzw. dem Krankenhaus dargestellt. Das Kapitel schließt mit einem Blick auf die bisherige Forschung und mit der Zusammenfassung.

Annahmen des Forschungsparadigmas

Der lateinische Begriff Paradigma bedeutet so viel wie Muster oder Beispiel (Duden, 2007). Kuhn hat 1967 diesen Begriff im Kontext von wissenschaftstheoretischen Diskussionen bekannt gemacht (Kuhn, 2023). Seitdem wird der Begriff häufig und unterschiedlich verwendet. Nicola Döring hat 2022 in der 6. Auflage des Buches „Forschungsmethoden und Evaluation in den Sozial- und Humanwissenschaften" ausführlich die Unterschiede der Forschungsparadigmen beschrieben (Döring, 2022). Egal, ob fachspezifische Wissenschaftstheorie oder allgemeine Wissenschaftstheorie, es wird zwischen drei Säulen unterschieden. Diese sind die Ontologie, die Epistemologie und die Axiologie. Mit der Abbildung 3.1 werden in Anlehnung an Döring (2022) die drei Säulen mit den wesentlichen Fragestellungen in einer eigenen Darstellung vereinfacht zusammengefasst.

Forschungsparadigmen haben den Zweck eine Grundlage für das Forschungsprojekt und die Methodik einer Studie zu schaffen. Dabei wird streng untersucht wie Wissen zu erforschen und zu verstehen ist. Es werden wichtige Meilensteile, wie das Ziel der Forschung und die Motivation dazu definiert. Damit

B. Wark, *Kennzahlen als Steuerungsinstrument des Personalcontrollings*,
https://doi.org/10.1007/978-3-658-51104-3_3

Abbildung 3.1 Drei Säulen der Wissenschaftstheorie. (Eigene Darstellung in Anlehnung an Döring, 2022, S. 34)

schaffen Forschungsparadigmen in der Forschung einen klaren Weg zur Untersuchung des getroffenen Forschungsobjektes. Es entsteht eine logische Struktur für die Durchführung und Umsetzung sowie ein hoher Qualitätsstandard (Abbadia, 2022).

Darüber hinaus ist neben der Methodik, ein weiterer wichtiger Baustein, die Logik. Eine wissenschaftliche Arbeit sollte logisch widerspruchsfrei sein. Das ist erreichbar durch eine Verknüpfung von Theorie (Literaturrecherche), Erfahrungswirklichkeit (Empirie) und Daten. Es gibt dann drei Möglichkeiten das wissenschaftliche Fazit aus Theorie, Empirie und Daten zu erreichen – Induktion, Deduktion und Abduktion. Vereinfacht bzw. verkürzt ausgedrückt:

- Induktion → Schlussfolgerung vom Speziellen auf das Allgemeine
- Deduktion → Schlussfolgerung vom Allgemeinen auf das Spezielle
- Abduktion → kreativer Prozess der Generierung neuer Hypothesen aus Daten (Döring, 2022)

Diese Dissertation, deren Kernelement die qualitative Forschungsmethode ist, verfolgt einen induktiven Ansatz. Bei einem induktiven Ansatz beginnt die Forschung mit Einzelfällen, Beobachtungen oder Interviews, aus denen dann Muster, Konzepte oder Theorien entwickelt werden.

Für das qualitative Paradigma hat Döring (2022) fünf wissenschaftstheoretische Grundprinzipien definiert, die aus verschiedenen einschlägigen Lehrbuchbeiträgen zusammengetragen wurden. Die fünf Prinzipien sind:

1. Ganzheitliche und rekonstruktive Untersuchung lebensweltlicher Phänomene
2. Reflektierte theoretische Offenheit zwecks Bildung neuer Theorien
3. Zirkularität und Flexibilität des Forschungsprozesses zwecks Annäherung an den Gegenstand
4. Forschung als Kommunikation und Kooperation zwischen Forschenden und Beforschten
5. Selbstreflexion der Subjektivität und Perspektivität der Forschenden (Döring, 2022, S. 64)

Deduktive Forschung ist typisch für quantitative Methoden. Zu Beginn steht eine Theorie oder Hypothese und diese wird überprüft anhand von Daten. Hier ist das Grundprinzip Reliabilität, Validität und Objektivität (Berger-Grabner, 2022). Ein Nebenelement dieser Dissertation ist, dass gesammelte Daten aus einer Likert-Skala, die ebenfalls im Rahmen der Interviews der qualitativen Methode mit erhoben werden, ebenfalls in Auswertung kommen.

Damit ist die Struktur zur grundsätzlichen Vorgehensweise und der Aufgabenkomplex für den Forschenden klar definiert. Das heißt, in dieser Dissertation ergibt sich eine kombinierte Vorgehensweise – eine sogenannte Mixed-Methods-Study. Im Kapitel 4: Methodik sind die Hintergründe der Entscheidung zur qualitativen Forschung und den ergänzenden quantitativen Daten sowie die Durchführung beschrieben. Es ist darin erkennbar, dass die vorab genannte Grundprinzipien Beachtung bzw. Berücksichtigung fanden.

Theoretische Ausrichtung der Dissertation

Die theoretische Ausrichtung dieser Dissertation ist so aufgesetzt, das sich eingehend mit den Themen Organisation, Führung, Controlling und Kennzahlen beschäftigt wird. Dafür wird im jeweiligen Abschnitt auf die Definitionen, Strukturen und Merkmale, Anforderungen eingegangen. Abschließend wird der jeweilige Block in den Kontext zum Krankenhaus und dem Gesundheitswesen gesetzt.

Das Ziel dahinter ist, zu er- und vermitteln wie eng Organisation, Führung, Controlling und Kennzahlen miteinander verknüpft sind und welche Bedeutung sie für den Erfolg oder Misserfolg eines Unternehmens haben können und könnten.

Dieser Ansatz der theoretischen Ausrichtung ist außerdem in der Form wichtig, da damit die Beantwortung der Forschungsfrage 1 erreicht werden soll. Das wurde auch als Ziel unter Kapitel 1: Überblick, Abschnitt „Forschungsdesign“

definiert. Die Forschungsfrage 1 lautet: Welchen Stellenwert, Fokussierung und Entwicklungsstand haben Personalkennzahlen in Organisationen? Mithin ist es notwendig sich detailliert in die Themenkomplexe einzulesen und den aktuellen Stand zu erarbeiten. Aufbauend aus den Erkenntnissen wird es außerdem möglich werden im empirischen Teil den Interviewleitfaden aufzusetzen, um den Erkenntnisgewinn zu untermauern bzw. weiter auszubauen.

Organisationen und deren Funktionalität

Definition von Organisationen

Jedes Individuum hat jeden Tag mit Organisationen in verschiedenen Formen zu tun. Egal ob es sich um die Ausbildungszeit, die tägliche Arbeit oder die Freizeitgestaltung handelt. Dabei sind viele Herausforderungen zu bewältigen, da festgelegte Rahmenbedingungen einer Organisation immanent sind. Jeder Mensch hat eine gewisse Kenntnis wie Organisationen funktionieren (Kieser & Ebers, 2019).

Thommen et al. (2020) haben eine nachvollziehbare Gliederung aufgestellt, welche eine Abgrenzung zwischen der Organisation und dem eigentlichen Organisieren schafft, sowie bestimmte Unterschiede innerhalb der Organisationen beschreiben. Das Organisieren an sich wird als Managementaufgabe gesehen. Dabei steht die Arbeitsteilung im Vordergrund, um ein bestimmtes Ziel bzw. die Erledigung z. B. eines Auftrages zu erreichen. Es sind mehrere Mitglieder der Organisation über Teilaufgaben an der Gesamterfüllung und damit an der Zielerreichung beteiligt. Der Vorgang soll dabei optimal vonstattengehen, ohne Reibungsverluste und Umwege (Thommen et al., 2020).

Die Geschichte von größeren Organisationen ist noch nicht sehr lang und begann im engeren Sinne mit der Erkenntnis der Vorteile der Arbeitsteilung (Kieser & Walgenbach, 2010). Adam Smith beschrieb dies erstmalig in seinem im Jahr 1776 erschienenen Buch „Wohlstand der Nationen", in dem er die Arbeitsteilung als den größten Fortschritt bezeichnete. Dabei beschrieb er die einzelnen Fertigungsschritte in einer Stecknadelfabrik, welche eine Arbeitsorganisation bezogen auf den Ablauf erforderlich machten, um eine höhere Produktivität über die jeweilige Spezialisierung des Einzelnen zu erreichen (Smith, 2013), Dadurch entsteht jedoch eine zunehmende Abhängigkeit und Komplexität innerhalb der Organisation, weshalb der Arbeitsteilung nur bis zu einem bestimmten Maß möglich ist, immer in Abhängigkeit von den Kosten, den technologischen Gegebenheiten und der Monotonie der Arbeitsaufgabe an sich. Grundsätzlich kann der Begriff der Organisation innerhalb der Betriebswirtschaft drei Bedeutungen zugemessen werden:

- Gestalterisch, je nachdem wie das Unternehmen organisiert wird
- Instrumental, je nach Ziel und Struktur (Aufbau- und Ablauforganisation)
- Institutionell, das Unternehmen an sich ist eine Organisation (gesellschaftliche Institution wie z. B. das Militär oder die Kirche) (Thommen et al., 2020)

Luhmann (2019) beschreibt die Entstehung von Organisationen, wenn sich abzeichnet, das individuelle Funktionen in Einheiten entstehen, welche speziell besetzt werden. Dabei wird deren Auftreten durch die Organisation internalisiert. Alle Beteiligten werden im Bestand geführt und unterliegen individuell festgelegten Vorgaben. Die Organisationen bestehen innerhalb der Gesellschaft und können jederzeit gebildet, beendet oder verändert werden (Luhmann, 2019).

Aus der soziologischen Perspektive ist eine Organisation ein soziales System, da sie zum einen eine Mitgliedschaft voraussetzt und zum anderen erwartet, dass sich die Mitglieder bestimmten Vorgaben unterwerfen. Das setzt eine gewisse Mobilität und Disponibilität voraus, welche einen Wechsel von Mitgliedern ermöglicht. Durch eine Organisation ist es erst möglich, die Komplexität von Prozessen zu steigern und Handlungsfelder deutlich zu erweitern, um neue bzw. höhere Zustände und Ereignisse zu erreichen (Luhmann, 2022).

Organisationen zeichnen sich also durch eine hohe Effektivität und Effizienz sowie eine bessere Flexibilität aus. Dabei stehen sie im Wettbewerb und die jeweils bessere Organisation entwickelt sich schneller weiter, ggf. verdrängt sie die Konkurrenten. Sie sind fähig, sich anzupassen und können schnell auf eine sich geänderte Nachfrage reagieren (Kieser & Walgenbach, 2010).

Struktur und Merkmale

Kieser und Walgenbach definierten im Jahr 2010 die Merkmale einer Organisation folgendermaßen: "[…] soziale Gebilde, die dauerhaft ein Ziel verfolgen und eine formale Struktur aufweisen, mit deren Hilfe die Aktivitäten der Mitglieder auf das verfolgte Ziel ausgerichtet werden sollen." (Kieser & Walgenbach, 2010, S. 6)

Neben den Zielen und den Mitgliedern ist die formale Struktur von besonderer Bedeutung, denn sie definiert die Regeln zur Arbeitsteilung, zur Kommunikation etc. Unterschieden werden im Detail:

- Die formalen Elemente
- Die Aufbau- und Ablauforganisation
- Die organisatorischen Regelunge

Formale Elemente einer Organisation sind:

- Die Aufgabe, bei der eine Soll-Leistung durchgeführt und erwartet wird
- Die Stelle, als kleinste organisatorische Einheit, die Teilaufgaben übernimmt

    o Stellen werden weiter untergliedert in Linienstellen und unterstützende Stellen

- Linienstellen sind ausführende Stellen und Leitungsstellen
- Unterstützende Stellen sind Stabsstellen oder Zentrale Dienste

    o Zusammengefasste Stellen mit einer übergeordneten Leitung sind Abteilungen

- Die Kompetenz, welche Recht und Befugnisse zur Aufgabenerfüllung innehat
- Die Verantwortung, welche die Pflicht zur Erfüllung der Aufgabe regelt
- Die Schnittstellen, welche die Transport- und Kommunikationswege zwischen den Stellen und den Einheiten beschreibt (Thommen et al., 2020)

Die Aufbau- und die Ablauforganisation sind Struktur und Zusammenarbeit der formalen Elemente. Dabei wird die Zusammenarbeit der formalen Elemente als Prozess gesehen. Organisatorische Regelungen sind Hilfsmittel bzw. Instrumente für die inhaltliche Ausgestaltung. Für die Aufbauorganisation nennenswert sind das Organigramm, die Stellenbeschreibung und der Geschäftsverteilungsplan. Für die Beschäftigten und ebenso für das Unternehmen ist die Stellenbeschreibungen essenziell, da sie Aufgaben, Kompetenzen und Verantwortung der Stellen definieren. Hingegen für die Ablauforganisation sind Prozessbeschreibungen, Diagramme und / oder der Netzplan die wichtigsten Instrumente (Thommen et al., 2020).

Anforderungen an Organisationen im 21. Jahrhundert

Vielerorts besteht ein Bild der konventionellen Organisationen über die behauptet wird, dass deren Mitglieder eine spezifische Stelle innerhalb einer Hierarchie einnehmen und an dieser gemäß den Kompetenzen und Verantwortung agieren. Die Positionen sind festgefügt und zum Teil unantastbar und die stets sich wiederholenden Prozesse erfolgen nach festgelegten Vorgaben (Barthel, 2020). Grundsätzlich ist das so, es bedeutet jedoch nicht, dass sich diese Organisationen gar nicht verändern. Umstrukturierungsmaßnahmen und Anpassung der Prozesse finden in allen Organisationen auf dieser Welt mehr oder minder stark statt. Es ist abhängig von den Erfordernissen, der Größe des Unternehmens, dem aktuellen Marktgeschehen, denn laut Definition der Organisation in Abschnitt „Definition von Organisationen." zeichnen sich diese durch ein besonderes Maß der möglichen Anpassungsfähigkeit aus.

Die rasch fortschreitende Digitalisierung und die Globalisierung haben einen enormen Innovationsschub ausgelöst. Das macht in diesem Jahrhundert eine Anpassung erforderlich, welche viele Organisationen und deren Führungskräfte vor eine große Herausforderung stellt. Haben früher bzw. bisher ein steter moderater Wandel ausgereicht, um erfolgreich zu sein, gibt es heute oft Situationen in denen alte Regeln und Vorgehensweisen nicht mehr im selben Maß funktionieren. Horney et al. haben in Jahr 2010 dieses Phänomen, als die VUCA-World beschrieben. Der Begriff wurde vom US Army War College geformt und beschreibt die Dynamik der heutigen Zeit. VUCA steht für Volatilität, Ungewissheit, Komplexität und Ambiguität. Dem gegenüber steht die tradierte Welt von Stabilität, Ordnung, Formalität, Regelkonformität und Verlässlichkeit (Horney et al., 2010).

Das bringt die Notwendigkeit von agilen Organisationen in die Diskussion. Dabei liegt das Ziel darin, ein maximales Maß an Informationen zu erhalten, um neue Produkte mittels verbesserter Prozesse zu entwickeln und anschließend verbraucherorientiert zu vermarkten. Umgesetzt wird das durch hohen Automatisierungsgrad und angepassten Veränderungen von Hierarchie und Struktur. Dezentralisierung und Selbstorganisation stehen im Fokus, um die Agilität durch Dynamisierung und Flexibilität sicherzustellen (Bornewasser, 2020).

Diese Veränderungen verdeutlichen auch die Notwendigkeit auf eine weitere Fokussierung der weichen Faktoren des 7-S-Modells von Peters und Watermann (Peters, 2012). Das Modell beschreibt erstmalig im Jahr 1982 die harten und weichen Faktoren, welche für den Erfolg eines Unternehmens bzw. einer Organisation relevant sind. In der Abbildung 3.2 wird in Anlehnung an Peters und Watermann (2012) das 7-S-Modell gesamt abgebildet, wobei drei Punkte besonders hervorzuheben sind.

Für die VUCA-World sind die weichen Faktoren Skills und Staff von hoher Bedeutung, weil die Fähigkeiten der Mitarbeitenden und Führungskräfte maßgeblich Einfluss auf die sich schnell ändernden Umweltbedingungen haben. Je

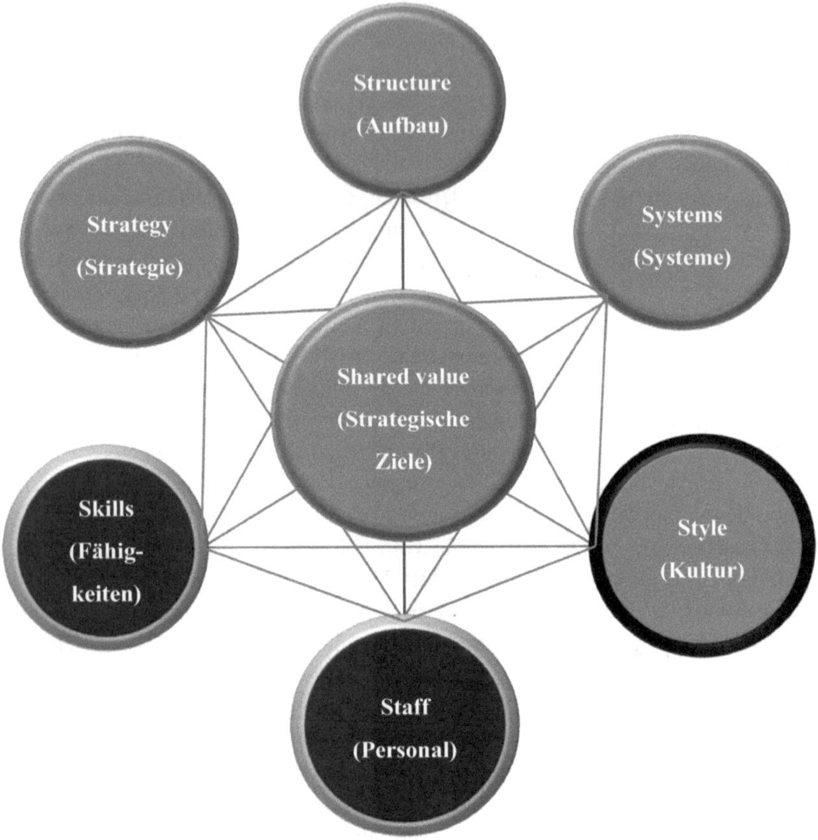

Abbildung 3.2 7-S-Modell. (Eigene Darstellung in Anlehnung an Peters & Watermann, 2012, S. 27)

besser diese mit der Dezentralisierung und der Selbstorganisation zurechtkommen, desto agiler kann die Organisation sein. Dazu gehört auch die Akzeptanz und ein tieferes Verständnis für die Rahmenbedingungen der VUCA-World.Aber auch die Kultur der Organisation ist von besonderer Bedeutung. Gibt es eine kreative Unruhe, Konfliktfähigkeit, ein Zusammengehörigkeitsgefühl, eine Sinnvermittlung und eine gute Kommunikation sind die wichtigen Voraussetzungen von Motivation und Identifikation mit der Organisation gegeben. Das sichert den Einsatz und die Kooperation der Beteiligten und hält die Organisation veränderungsbereit (Doppler & Lauterburg, 2019).

Bezug zum Gesundheitswesen / zu Krankenhäusern

Auch für das Gesundheitswesen und damit ebenfalls für die Krankenhäuser gelten die gleichen Definitionen und Regeln wie für jede andere Organisation.

Mehr als sechs Million Menschen in allen Dienstarten kümmern sich deutschlandweit um die PatientInnen in den verschiedensten Strukturen. In Krankenhäusern sind es mehr als 1,2 Millionen Menschen. Häufig sind Krankenhäuser die größten ArbeitgeberInnen einer Region. Abbildung 3.3 zeigt die stetige Zunahme des Personals seit dem Jahr 2000 in diesen Organisationen auf. Dabei steigt die Anzahl des Personals im Gesundheitswesen deutlicher als im Krankenhaus.

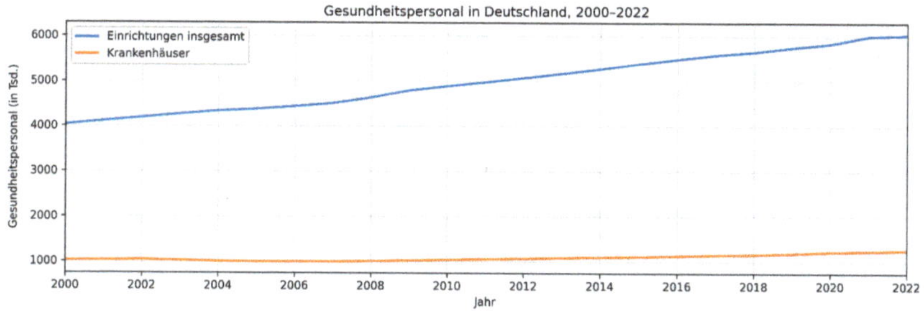

Abbildung 3.3 Personaleinsatz im Gesundheitswesen und im Krankenhaus. (Eigene Darstellung mit Daten vom Statistisches Bundesamt, 2023a, keine Seitenzahl)

Das der Anstieg im Krankenhaus geringer ist, liegt u. a. an der Einführung des DRG-Systems. Trotzdem ist der Personalanteil enorm hoch, um die Versorgung der PatientInnen sicherzustellen. Personal ist damit mit mehr als 70 % auch der größte Kostenblock im Krankenhaus.

Richtet sich der Blick auf die Historie von Krankenhäusern wird verständlich, weshalb diese Organisationen so stark von Traditionen geprägt sind. Zum Teil werden sie als strukturlos und zufällig wahrgenommen (Hildebrandt, 2021). Veränderungen sind häufig schwer umsetzbar und manche Prozesse erinnern an Sauerbruchs Zeiten. Dabei ist das Gesundheitswesen in Deutschland in den vergangenen Jahrzehnten immer wieder in der politischen Diskussion. Immer neue

Reformen und Gesetze, Regelungen und Richtlinien werden angesetzt. Trotzdem konnten die Ausgaben der Gesundheitsversorgung nicht reduziert werden und der wachsende Fachkräftemangel stört die regulären Abläufe der Kliniken (Stierle et al., 2019). Eine gute wirtschaftliche Lage sehen, nach der letzten Umfrage des Deutschen Krankenhausinstitutes nur noch 6 % der Kliniken für sich. Dabei erwarten nur noch 20 % ein positives Jahresergebnis und mehr als die Hälfte sehen eine weitere wirtschaftliche Verschlechterung für das Jahr 2023 kommen (Blum et al., 2022). Das Fachpersonal trägt seit vielen Jahren eine immer weiter steigende Arbeitslast, welche durch die gestiegene Fallzahl bei reduzierter Verweildauer und Menge an Krankenhäusern entsteht. Abbildung 3.4 zeigt anschaulich die Veränderungen seit dem Jahr 1991. Die Abbildung dient der Illustration langfristiger Trends. Es handelt sich nicht um eine exakte Reproduktion der amtlichen Jahreswerte.

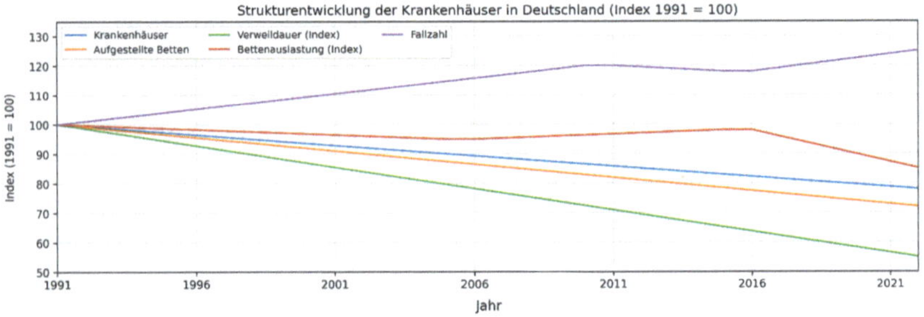

Abbildung 3.4 Strukturentwicklung der Krankenhäuser in Deutschland (Index 1991 = 100), 1991–2022. Modellhafte, indexierte Darstellung nach Daten des Statistischen Bundesamtes, 2023b, keine Seitenzahl. (Eigene grafische Aufbereitung, Werte gerundet)

Krankenhäuser sind Organisationen, welche Dienstleistungen vollbringen und einen hohen Beitrag zur Bevölkerungsgesundheit leisten. Damit sind Kliniken ressourcenintensiv an Material, aber insbesondere an Menschen. In vielerlei Hinsicht gibt es viel Nachholbedarf in Struktur, Finanzierung, Digitalisierung und insbesondere im Umgang mit dem Personal. Die Covid-19-Pandemie hat gezeigt, dass Deutschland ein gut funktionierendes Gesundheitssystem hat, jedoch müssen auch diese Organisationen sich weiter anpassen, um sachgerecht ihre eigentlichen Aufgaben von Daseinsvorsorge und Gemeinwohlförderung erfüllen zu können.

Zusammenfassend lässt sich sagen, dass Krankenhäuser sehr komplexe Organisationen sind. Das liegt vor allem an den permanenten Veränderungen wie

Innovationen in der Medizin, sich ständig ändernde gesellschaftliche und gesundheitspolitische Rahmenbedingungen, geänderte Ansprüche der PatientInnen, der Fachkräftemangel, der hohe Kostendruck, der Investitionsstau. Dabei ist die Medizin für alle ein Milliardengeschäft, jedoch die Gesundheit an sich gilt als besonders hohes Gut (Schlüchtermann, 2020).

Führung von Unternehmen und Menschen

Definition von Führung, deren Grundsätze und Modelle

Übergeordnet, für eine zielgerichtete Steuerung von Organisationen, Unternehmen und / oder Menschen, steht der Begriff der Führung. Gesamtgesellschaftlich nimmt dieser heutzutage einen hohen Stellenwert ein, da die Komplexität der Arbeitsprozesse immer weiter steigt. Hinzu kommt ein veränderter Stand der Mitarbeitenden in den Organisationen und den sich daraus geänderten Anforderungen.

Führung wird auch häufig mit dem Begriff Management gleichgestellt. Wobei unterschieden werden muss zwischen der Unternehmensführung und der Führung von Menschen (Eschenbach & Siller, 2019; Thommen et al., 2020).

Es gibt in der Literatur und diversen Veröffentlichungen eine Vielzahl von Definitionen zu Führung bzw. Management, das Thema beschäftigt und polarisiert, da alle, zumindest in Ansätzen, davon betroffen sind (Eschenbach & Siller, 2019; Thommen et al., 2020).

Malik hat sechs Grundsätze der Führung festgeschrieben:

- Resultatsorientierung → Zielerreichung und Aufgabenerfüllung
- Beitrag zum Ganzen → Ganzheitliches Denken, Betrachtung der Aufgaben
- Konzentration auf Weniges → Kleine Zahl sorgfältig ausgesuchter Themen
- Stärken nutzen → Nicht Schwächen beseitigen, richtige Aufgabenzuteilung
- Vertrauen → Hat direkte positive Auswirkungen auf die Unternehmenskultur
- Positiv denken → Immer die Chancen statt Probleme entdecken (Malik, 2019)

Mit diesen Grundsätzen wird die Grundlage für ein qualifiziertes Management aufgestellt. Daraus ergeben sich die Aufgaben und Werkzeuge / Methoden für die Führungskraft. Die Aufgaben sind:

- Für Ziele sorgen → Wenige Ziele, dafür große Ziele, schriftlich fixiert mit Zeitfrist
- Organisieren → Kunde im Mittelpunkt, personalorientiert, kurze Wege, flache Hierarchie
- Entscheiden → Auf Basis von Zahlen, Daten, Fakten im angemessenen Zeitrahmen bei vorausschauendem Denken – Entscheidungen als Prozess angehen
- Kontrollieren → Angemessen, in Stichproben, individuell, nicht willkürlich
- Menschen entwickeln und fördern → Stärken entwickeln, Loben, Gleichbehandlung (Malik, 2019)

Eschenbach / Siller (2019) haben die Aufgaben der Führung erweitert und diesen gemäß der Abbildung 3.5 als einen Führungskreislauf wiedergegeben.

Dabei haben sie den Kreislauf um zwei weitere Inhalte auf sieben Kernaufgaben vergrößert:

- Für Werte sorgen → Orientierungsgrößen des Verhaltens
- Planen → vorbereitet sein, Unvorhergesehenes erkennen / durchdenken (Eschenbach & Siller, 2019)

Die Grundsätze der Führung und die sieben Kernaufgaben sind in der Anwendung in Organisationen bzw. Unternehmen hilfreich, sinnvoll und zielführend. Werden sie in den Kontext mit einem Krankenhaus gestellt, gewinnen die einzelnen Punkte nochmals besonders an Bedeutung. Führung in strukturierter Form des Führungskreislaufes, um auf die Grundsätze der Führung zu reflektieren:

- Resultatsorientierung → Menschen gesund machen
- Beitrag zum Ganzen → Daseinsvorsorge
- Konzentration auf Weniges → Jede / r PatientIn wird besonders betreut
- Stärken nutzen → Jede / r leistet seinen besten Beitrag zur Genesung
- Vertrauen → In die ärztliche und pflegerische Kunst
- Positiv denken → Unterstützung der Genesung

In dieser Konstellation kann die Führung eine hohe Motivation und eine tiefe Befriedung, für die täglich zu bewältigenden Aufgaben nach sich ziehen.

Aus der Schweiz kommen zwei integrierte Managementmodelle, die sowohl die Organisation bzw. das Unternehmen als auch den Menschen im Rahmen der Führungsaufgaben betrachten. Beide Modelle sind in der Literatur vielfach beschrieben und werden angepasst gelehrt:

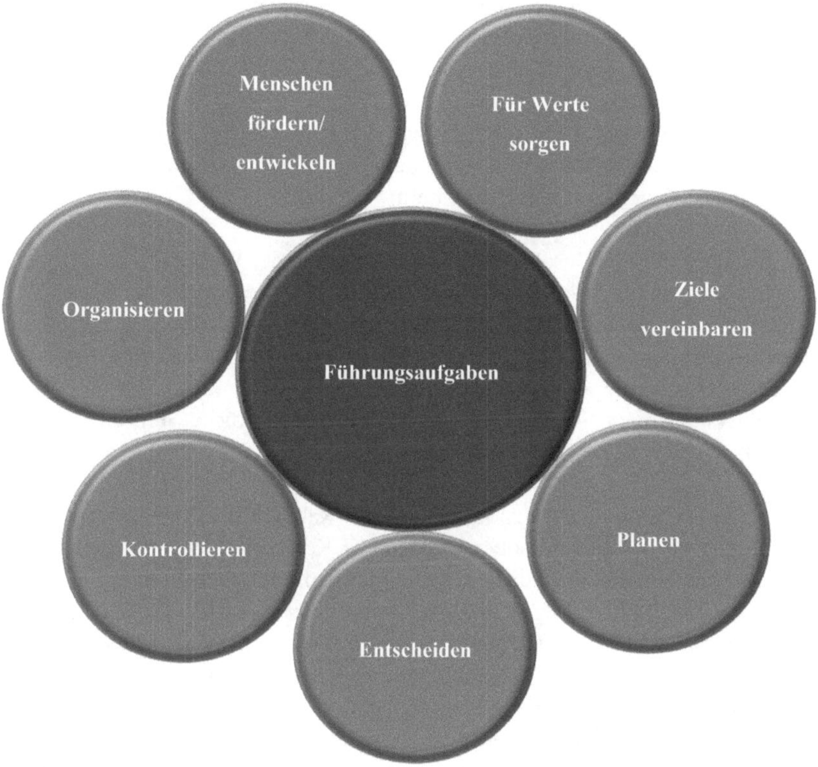

Abbildung 3.5 Führungskreislauf mit sieben Kernaufgaben. (Eigene Darstellung in Anlehnung an Eschenbach & Siller, 2019, S. 42)

Das St. Galler Modell wird z. B. an der Paracelsus Medizinische Universität Salzburg bzw. den Salzburger Landeskliniken in der Lehre verwendet. Da sie ganzheitlich arbeiten, sind sie ebenso interessante Vorgehensweisen für Krankenhäuser, weil sie die Führung von Menschen, aber auch die Führung des Unternehmens in Einklang bringen. Krankenhäuser sind komplexe Strukturen mit einem sehr hohen Personalanteil, dabei können diese Ansätze hilfreich sein. Das St. Galler Management-Modell (1972 bis heute – 4. Generation) (Rüegg-Stürm & Grand, 2020) beschreibt drei Ebenen des Managements:

- Normativ → Unternehmensidentität, Vision, Mission
- Strategisch → Entwicklungsrichtung, künftige Erfolge
- Operativ → Erfolgspotenziale nutzen (Eschenbach & Siller, 2019)

Diese überarbeitete Version vertieft sich in sechs Kategorien, die als Aufgabenperspektiven verstanden werden und die 1. Generation des St. Galler Management-Modell umfassend erweitern:

- Umweltsphären → Gesellschaft, Natur, Technologie, Wirtschaft
- Anspruchsgruppen → KundInnen, Mitarbeitende, LieferantInnen, Staat usw.
- Interaktionsthemen → Ressourcen, Normen, Werte, Interessen
- Prozessperspektive → Management-, Unterstützungs-, Leistungsprozesse
- Ordnungsmomente → Governance, Strategie, Struktur, Kultur
- Entwicklungsmodi → Erneuerung, Optimierung (Rüegg-Stürm & Grand, 2020)

Um die Aufgaben und Herausforderungen im Rahmen des Managements bzw. der Führung zu bewältigen, sollen diese sechs Kategorien einer sachlichen und zweckmäßigen Bearbeitung dienen und einen ganzheitlichen Ansatz für Unternehmen und Mensch verfolgen (Rüegg-Stürm & Grand, 2020). Es ist offensichtlich, dass das St. Galler Management-Modell sich permanent weiterentwickelt und damit ein lernendes System ist. Zum einen arbeitet es wissenschaftlich fundiert und zum anderen integriert es die sich ändernden Umweltbedingungen. Anfallende Chancen und Risiken werden gemeinsam reflektiert und bearbeitet, um die Unternehmenszeile zu erreichen.

Der Züricher Ansatz wurde im Jahr 1984 von Edwin Rühli veröffentlicht. Rühli geht davon aus, dass Führung insbesondere immer dann stattfindet, wenn es Problemstellungen zu bewältigen gibt. Dabei wird eine führungstechnische und eine menschenbezogene Dimension beschrieben. Die führungstechnische Dimension beschreibt den prozessualen Ablauf als Steuerung in Form von Planung → Entscheidung → Ausführung → Kontrolle. Diese Elemente der Führung werden zudem nach den nachfolgenden Aspekten geclustert und ergeben damit ein formales Grundschema der Führung:

- Institutionell → organisatorische Gliederung der Führung
- Funktionell → Ablauf der Führung
- Instrumental → Hilfsmittel und Instrumente der Führung (Rühli, 1984)

Die menschenbezogene Dimension beschreibt die zwischenmenschlichen Beziehungen, die durch die Interaktion im Problemlösungsprozess entstehen und wirken. Dabei sind besonders zu beachten:

- Die individuellen Persönlichkeitsmerkmale
- Das Vorgesetzten-Untergebenen-Verhältnis
- Der soziokulturelle Aspekt (Thommen et al., 2020; Rühli, 1984)

Abschließend ist anzumerken, dass Führung im funktionalen, prozessualen, juristischen oder personellen Sinn erfolgen kann und es vordergründig darum geht, zu gestalten. Die Methoden bzw. Ansätze der Führung können sich dabei erheblich unterscheiden.

Führungsaufgaben und Führungsstile

Nach den im vorherigen Abschnitt gewonnenen Erkenntnissen ist Führung sehr abhängig von einer strukturierten Vorgehensweise der Führungskräfte und deren Methodenkenntnisse. Damit ist Führung erlernbar und nicht ausschließlich von der individuellen Prägung und den Erfahrungen der einzelnen Führungskraft abhängig. Immer vorausgesetzt, dass die Führungskraft bereit ist, die gewonnenen Erkenntnisse auch in die Praxis umzusetzen bzw. anzuwenden.

Auf der Managementebene ist eine grundsätzliche Unterscheidung zwischen den eigentlichen Sachaufgaben und den Führungsaufgaben vorzunehmen. Wobei die Anzahl von Sach- und Führungsaufgaben in Abhängigkeit zur Hierarchieebene stehen. Das bedeutet, dass ein / e MeisterIn meist weniger Führungsaufgaben als z. B. ein Vorstandsmitglied hat (Malik, 2019).

Das Umsetzen der Führungsaufgaben im Rahmen der Organisation wird von jeder Persönlichkeit anders verfolgt. Je nach Vorgehensweise spricht man von einem entsprechenden Führungsstil. Dabei ist der jeweilige Stil abhängig vom Kooperationsverhältnis zwischen den Mitarbeitenden und den vorgesetzten Personen (Jung, 2017). Auch zum Führungsstil gibt es viele Definitionen: „Führungsstil ist die Grundhaltung und das sich daran orientierende Verhaltensmuster, mit dem jemand seine Führungsaufgaben wahrnimmt." (Borsch, 2019, S. 74)

Zu den Führungsaufgaben gehören wieder die Planung → Entscheidung → Ausführung → Kontrolle. Der Stil ist jeweils charakteristisch, zeitspezifisch und situativ adaptierbar (Rühli, 1992).

Grundsätzlich kann zwischen dem traditionellen bzw. autoritären Führungsstil, dem Laissez-Faire Führungsstil und dem modernen bzw. kooperativen Führungsstil unterschieden werden, die sich jedoch weiter untergliedern.

Traditionelle Führungsstile:
Der traditionelle / autoritäre Führungsstil hat in sich vier Ausprägungen:

- Patriarchalischer Führungsstil → Geprägt von einer Leitfigur
- Autokratischer Führungsstil → Unbegrenzter Machtfülle des Führenden
- Bürokratischer Führungsstil → Hierarchischen Apparat mit genau abgegrenzten Kompetenzen und Befugnissen
- Charismatischer Führungsstil → Alleiniger Herrschaftsanspruch aus der Persönlichkeit und Einmaligkeit abgeleitet (Weber, 2009; Jung, 2017)

Diese Führungsstile stehen für vergangene Zeiten und entsprechen nicht den heutigen Werten. Nun dürfen autoritäre bzw. traditionelle Führungsstile nicht grundsätzlich als altmodisch oder für die heutige Zeit unpassend empfunden werden, da es Aufgabenfelder gibt, in denen genau dies verlangt wird. Zum Beispiel bei der Feuerwehr, der Polizei, in der Seefahrt und bei der Bundeswehr. Wobei auch hier zwischen Einsatz und normalen Dienstgeschehen unterschieden werden muss.

Auch in einem Krankenhaus ist angezeigt punktuell autoritär zu führen, z. B. bei einem Massenanfall von Verletzten. Im Einsatz oder in einer Krisensituation ist es äußerst wichtig, dass Eine / r das „Sagen" hat und sein / ihr Team streng führt, damit idealerweise niemand zu Schaden kommt bzw. Schaden behoben werden kann. Klar strukturierte Zuständigkeiten, eine Rollenverteilung, Regeln und Standards unterstützen entsprechend bei den Aufgabenstellungen, um die vorgegebenen Leistungsergebnisse binnen kürzester Zeit zu erreichen. Ein besonderer Vorteil dieses Stils ist dabei die hohe Entscheidungsgeschwindigkeit. Nachteile dieses Stils, wie z. B. eine sich nicht entwickelnde Kreativität und bestimmte Wohlfühlfaktoren, müssen in den in vorab genannten Situationen vernachlässigt werden.

Laissez-Faire Führungsstil:
Blake und Mounton veröffentlichen im Jahr 1964 erstmalig das sogenannte Verhaltensgitter. Über eine neunstufige Skala wird in Verbindung mit der Sach- und Menschenorientierung das Führungsverhalten eingeordnet. Unter den Skalenwert 1.1 fällt der sogenannte Laissez-Faire-Führungsstil mit niedriger Sach- und

Menschenorientierung. Diese Art Führungskraft unternimmt nur das Allernotwendigste, nur das, was unbedingt nötig ist. Auf die Führung direkt bezogen bedeutet das, das die Mitarbeitenden wesentlich freier sind bzw. größeren Spielraum haben in Bezug auf Organisation, Informationsweitergabe und Arbeitsaufgaben. Auch bei Problemen und Konflikten wird nicht von der Führungskraft eingegriffen (Jung, 2017).

Moderne Führungsstile:
Der moderne / kooperative / demokratische Führungsstil zeichnet sich dadurch aus, dass durch Partizipation, die Mitarbeitenden an Entscheidungen beteiligt werden und durch Delegation von Aufgaben der Führungskraft auf die Mitarbeitenden diese eigene Entscheidungskompetenzen erhalten. Besonders hervorzuheben sind mögliche sachgerechte Entscheidungen durch Brainstorming, hohe Mitarbeitendenmotivation, förderliche Personalentwicklung und eine Entlastung der Führungskraft (Olfert & Steinbuch, 2001). Dabei gilt, je kooperativer der Führungsstil ausgelebt wird, desto größer ist der Entscheidungsspielraum der geführten Personen (Thommen et al., 2020). Drei Führungsansätze entsprechen der modernen Führung:

- Situative Führung
- Transaktionale Führung
- Transformationale Führung
- Agile / digitale Führung

Führung ist komplex und in der Regel nicht auf ein Kriterium der Art des Führens einzugrenzen. Deshalb wird am häufigsten situationsabhängig durch die Führungskraft geführt, je nach Bedürfnis und Ausbildungsstand des Mitarbeitenden.

Hersey und Blanchard haben im Jahr 1988 das situative Führen als Glockenkurve beschrieben und so die möglichen Situationen für die jeweils anzuwendende Ansprache gemäß Abbildung 3.6 grafisch zusammengefasst dargestellt (Hersey & Blanchard, 1988).

Die transaktionale Führung zeichnet sich durch die Anwendung von Management by – Techniken aus, die ein sachliches, rationales Tauschverhältnis zwischen den Mitarbeitenden und der Führungskraft stattfinden lassen (Thommen et al., 2020).

Beim transformationalen Führen wird der transaktionale Ansatz über Management by Objektives mit einer Mitarbeitendenorientierung über emotionale Intelligenz gekoppelt. Dadurch werden die Mitarbeitenden intrinsisch motiviert und es besteht eine tiefe Verbundenheit zur Organisation. Die Schlüsselworte für den

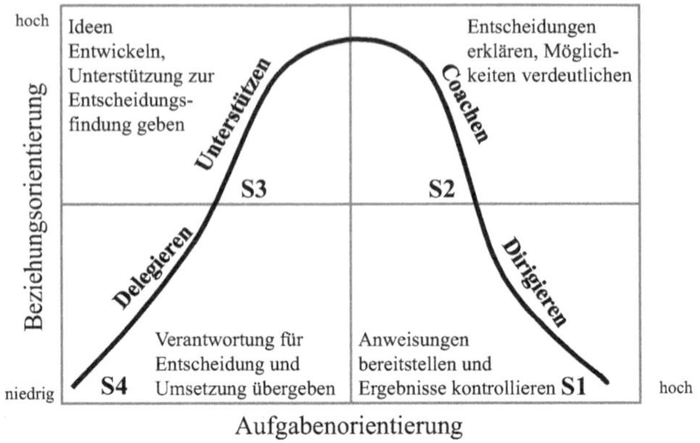

Abbildung 3.6 Situative Führung nach Hersey und Blanchard. (Eigene Darstellung in Anlehnung an Hersey und Blanchard, 1988, S. 171)

Erfolg sind Identifikation, Inspiration, intellektuelle Anregung und individueller Umgang mit den Mitarbeitenden (Wunderer, 2018).

Modernes und vor allem agiles / digitales Führen bedeutet, auch mit Neuerungen im Arbeitsumfeld offensiv umzugehen. Mobiles Arbeiten und Homeoffice-Strategien sind heute vor allem durch die Covid-19-Pandemie in aller Munde. Sie haben sich in einem kurzen Zeitraum etabliert und verfestigen sich weiter. Die verantwortliche Führungskraft muss sich auch hier neu orientieren. Die Grenzen zwischen Beruf und privaten Umfeld verschwimmen und bringen neue Herausforderungen mit sich. Deshalb gilt es, einen klaren Blick zu behalten, Regeln für diese Sonderformen aufzustellen und über eine gute und ausreichende Kommunikation die Erwartungshaltungen und Ziele zu vermitteln. Nur dann kann die geforderte Arbeitsaufgabe zur Zufriedenheit beider Seiten gelöst werden. Diese agile Art des Führens erfolgt hier durch Arbeitsinhalte und eine faire Bewertung der Arbeitsergebnisse. Damit wird Wertschöpfung durch Wertschätzung erreicht.

Zusammenfassend sind drei Kompetenzen für die Führung notwendig, egal welcher Ansatz der modernen Führung verfolgt wird:

- Persönliche Kompetenzen (Fähigkeiten der Selbstführung)
- Soziale Kompetenzen (Fähigkeiten zur Personalführung)
- Methodenkompetenzen (Fähigkeiten, um den eigenen Bereich, die eigene Abteilung und/oder das gesamte Unternehmen zu steuern) (Pastoors et al., 2019)

Insgesamt entsprechen die modernen, kooperativen Führungsstile dem heutigen Zeitgeist. Mitarbeitende, welche so geführt werden, werden immer auf interne und externe Risiken hinweisen, weil sie sich für die eigenen Handlungen und Ergebnisse verantwortlich fühlen. Das reduziert im Ergebnis die Risiken der Organisation und ist der Idealfall für das Management.

Anforderungen an heutige Führung

Die Führungskraft muss sich bewusst sein, dass der eigene Stil einer ständigen Reflektion und damit unausweichlich auch der ständigen Revision unterliegt. Es kann somit von einem lernenden System gesprochen werden.

Der Wertewandel der Generationen erwartet diesen modernen Führungsstil. Mitarbeitende sind bereit, Verantwortung zu übernehmen und fordern diese sogar ein. Es ist heute notwendig, Führung und Arbeitsorganisation anzupassen, damit verschiedene Generationen zu Innovationen und Leistung motiviert werden können. Das ist insbesondere im Rahmen des demografischen Wandels zu berücksichtigen. Damit auch junge Menschen langfristig gebunden werden können, sollten sie so motiviert werden, dass ihre Wünsche, Bedürfnisse und Ansprüche berücksichtigt werden. Nur so ist es möglich dem Fachkräftemangel entgegenzuwirken (Franken, 2016).

Tabelle 3.1 zeigt in Anlehnung an Bosankic (2021) die Sicht der ArbeitnehmerInnen auf die Arbeitswelt, aus welcher ein entsprechendes Führungsverhalten abgeleitet werden kann.

Tabelle 3.1 Generationsvergleich mit Sicht auf die Arbeitswelt. (Eigene Darstellung in Anlehnung an Bosankic, 2021, S. 48)

Generation	Sicht auf die Arbeitswelt	Aktueller Stand
Z	Selbstbewusst -> klare Trennung zwischen Beruf und Privaten, sprunghaft	beginnt
Y	Zielorientiert -> erst leben steht im Vordergrund	vor der Spitze der Karriere
X	Ergebnisorientiert -> arbeitet, um zu leben, kreativ	auf der Spitze der Karriere
Baby- boomer	Arbeitswütig, loyal, karriere- und teamorientiert	geht bald in den Ruhestand

Ein gutes Beispiel für eine gelungene Vorgehensweise, wie sich auf ArbeitnehmerInnen und den heutigen Anforderungen eingestellt werden kann, ist der FlexPool der Universitätsmedizin Rostock. Das ist eine systemische Flexibilisierung der Pflege an der Universitätsmedizin Rostock als Reaktion auf den demografischen Wandel und die Veränderungen der Arbeitswelt. Das Konzept stammt ursprünglich aus den Niederlanden von den Beratern Loran Nooteboom und Peter van der Meulen und wurde unter dem Namen „Frei-ist-frei" veröffentlicht. Dabei geht es um eine Veränderung in den Pflegeteams, welche nach und nach passiert, um eine systemische Organisationsflexibilität zu erreichen (Prölß, 2019). Vier Bausteine zur Umsetzung des Konzeptes sind dabei maßgeblich:

- Arbeitsmarktkommunikation und Rekrutierung
- Kapazitätsplanung
- Flexibilisierung
- Langfristige Dienstplanung (Prölß, 2019)

Im Ergebnis sollen vier Punkte eine Stabilisierung in die Pflegeteams bringen:

- Objektivität: wer macht was, wann und wo
- Stabilität: durch Ausfallreserve
- Flexibilität: die Mitarbeitenden können zeitlich und örtlich flexibel arbeiten
- Attraktivität: durch verbessertes ArbeitgeberInnen-Image, Mitarbeitenden arbeiten so wie sich es deren Lebensplan wünscht (Prölß, 2019)

Ein Jahr nach der Implementierung dieses Konzeptes wurden im Rahmen einer Masterarbeit die Effekte auf Personal- und Ausfallmanagement sowie auf die Arbeitsmotivation und -zufriedenheit überprüft. Im Ergebnis hat sich eine Verbesserung der Arbeitsmotivation und -zufriedenheit aufgezeigt, insbesondere auch durch die Stabilität in der Dienstplanung. Insgesamt konnten auch die Prozesse von Rekrutierung und Einstellung verbessert werden, sodass von einem Erfolg des Projektes gesprochen werden kann (Erdmann, 2021). Die Masterarbeit hat auch bewiesen, dass die jetzigen 20–30-jährigen Mitarbeitenden die heutige Arbeitswelt differenziert betrachten – sie wollen sich selbst verwirklichen (Erdmann, 2021). Und dazu ist es notwendig, dass die ArbeitgeberInnen flexible Arbeitsmodelle anbieten und modern führen.

Inzwischen gibt es Tendenzen an dieser Klinik, auch Flex-Pools für den ärztlichen Dienst einzurichten, wobei das wegen der vielen Spezialisierungen an einer Universitätsmedizin immer noch von der Belegschaft als schwierig erachtet wird. Jedoch sind die jungen ÄrztInnen an einer guten Work-Life-Balance interessiert, sodass davon auszugehen ist, dass sich das „Für“ dem „Wider“ widersetzen wird und am Ende das „Für“ für solch ein Projekt dem Vorzug gegeben wird.

Homeoffice-Strategien sind im Krankenhausumfeld nur bedingt umsetzbar, haben aber auch da Einzug gehalten. Es bestehen Möglichkeiten im gesamten Verwaltungssektor und aber auch für die Arztbriefschreibung etc. Eine wichtige Voraussetzung dafür ist ein hoher Digitalisierungsgrad. Ist es für die Verwaltung z. B. die digitale Personalakte oder ein Dokumentenmanagementsystem, so ist es im Klinikbetrieb die digitale Patientenakte, die derartige Möglichkeiten schaffen. Oft findet es wegen der fehlenden Digitalisierung, aber auch weil die Führungskräfte noch in tradierter Form denken, keine Umsetzung. Deshalb ist auch in bestimmten Bereichen die Rekrutierung von Fachkräften besonders schwer, wie z. B. in der IT-Abteilung.

Aber nicht nur das Thema Motivation zur Sicherung der Fachkräfte im Unternehmen ist entscheidend, auch ein agiles Management ist bedeutsam. Die im Abschnitt „Anforderungen an Organisationen im 21. Jahrhundert.“ beschriebene VUCA-World bringt den permanenten und raschen Wandel mit sich. Insbesondere die Globalisierung, Digitalisierung und Vernetzung beeinflussen die Geschwindigkeit der Veränderungen. Deshalb ist es notwendig sich schnell anzupassen, also agil zu sein. Damit stellt die Führung sicher, dass sich die Organisation schnell mit neuen Gegebenheiten auseinandersetzen kann, durch Unterstützung der Mitarbeitenden auf Augenhöhe sowie zentraler Werte, wie flache Hierarchien, Vertrauen, Entscheidungsfreiheiten, starke Kommunikation und generelle Offenheit für jede Art von Veränderung (Grätsch & Knebel, 2020).

Den notwendigen Wandel des Führungsverständnisses zeigt auch die repräsentative Umfrage des Instituts der deutschen Wirtschaft aus dem Jahr 2017 auf. Im Zusammenhang der Digitalisierung wurde die Entwicklung notwendiger Führungskompetenzen in den nächsten fünf Jahren abgefragt. Dabei stehen die Problemlösungsfähigkeit mit 37 % und die Mitarbeitendenmotivation mit 34,1 % sowie die Fähigkeit Netzwerke zu knüpfen mit 31 % deutlich im Vordergrund. Somit sollte sich die Führung weiter weg vom Herrschenden (traditioneller Führungsstil) hin zum Befähigenden (moderner Führungsstil) anpassen (Hammermann & Stettes, 2017).

Bezug zum Gesundheitswesen / zu Krankenhäusern

Je nach Gesellschaftsform wird die Führung eines Krankenhauses von einer Geschäftsführung oder einem Vorstand übernommen. Dabei sind alle Varianten von einer Alleingeschäftsführung (privatisierte Kliniken) bis hin zu einem Vorstandsgremium aus vier Personen (Universitätskliniken) möglich. Weit verbreitet ist eine Kombination aus kaufmännischer, ärztlicher und pflegerischer Führung (Nemmer, 2019).

Universitätskliniken haben noch eine Erweiterung durch den Wissenschaftlichen Vorstand, der für den Bereich von Forschung und Lehre zuständig ist. Die geteilte Herrschaft kann für ein Krankenhaus „Fluch und Segen" zugleich sein. Je nach Führungsstil und Teamwork-Bereitschaft kann die geteilte Führung Erfolg oder Stillstand bedeuten.

Wichtig ist in jedem Fall, dass die Führung eines Krankenhauses das Tagesgeschäft eigenständig und ohne politische Einflussnahme abwickeln kann, denn nur dann kann die betreffende Klinik auch erfolgreich sein. Aufsichtsgremien sollten nicht zu aktiv einwirken, aber die Führung der Klinik angemessen kontrollieren, beraten und unterstützen (Nemmer, 2019).

Auch in einem Krankenhaus sind schöpferisches Denken und Handeln durch die Belegschaft essenziell, um Innovationen in neue medizinische und pflegerische Verfahren zu etablieren. Das Ziel ist, damit langfristig erfolgreich zu sein. Dabei ist die komplette Bandbreite der Führung gefragt, neben der ärztlichen und pflegerische Führung auch die der Verwaltung, weil der Prozess der Beschaffung, Umsetzung, Etablierung genau da verortet ist, um die Innovationen abrechnungsfähig zu etablieren (Siller, 2019).

Das zeigt umso mehr die notwendige enge Zusammenarbeit des Führungsteams. Nach der obersten Führung stehen in der zweiten Ebene im ärztlichen Dienst die ChefärztInnen bzw. KlinikdirektorInnen, die für einen Fachbereich im Krankenhaus verantwortlich sind. Ihnen kommt im Klinikbetrieb eine besondere Rolle zu, weil sie zum einen für den klinischen Leistungsprozess ihrer Fachabteilung, die Personalführung und die Aus- und Weiterbildung verantwortlich sind und zum anderen aber auch für die enge Einbindung in die Verwaltung im Rahmen der betriebswirtschaftlichen Aufgabenfelder offen sein müssen. Damit gehören sie mit zum Top-Management und unterliegen besonderen Anforderungen.

Dazu kommt die erwartete permanente Vorbildfunktion im Rahmen des gesunden Lebensstils und des Selbstmanagements, die insbesondere von den PatientInnen erwartet wird (S. Becker & Hoehner, 2019). BWL und auch Personalmanagement sind nicht Inhalt des Medizinstudiums und der Facharztausbildung etc. Deshalb erfordert der Werdegang eine Weiterentwicklung z. B. über ein Coaching oder ähnliche Formate, damit sie die anfallenden Aufgaben auch zu bewältigen lernen. Damit vermitteln sie auch gleichzeitig eine

Vorbildfunktion für ihre Mitarbeitenden, denn es vereinfacht komplexe Entscheidungssituationen und fördert die persönliche Weiterentwicklung (P. Weber, 2019). Von Führungskräften in Pflege und Verwaltung wird in der Regel ein nicht so breites Fachwissen abverlangt, sodass ein standardisiertes Führungstraining hier oft ausreichend ist. Wichtig zu erwähnen in diesem Zusammenhang ist, dass ein Krankenhaus als Dienstleistungsunternehmen einen sehr hohen Anteil an Personal hat. Das unterstreicht noch einmal die Wichtigkeit der Thematik Führung.

Abschließend ist zu sagen, dass die gleichen Regeln und Rahmenbedingungen für die Führung und ihr Wirken wie in jedem anderen Unternehmen gelten, mit der Besonderheit das die Dienstleistungen im Krankenhaus der Gesundheit der Bevölkerung dienen.

Controlling als Führungsaufgabe

Definition ControllerIn, Controllership und Controlling

Die vorangegangenen Unterkapitel haben einen Einblick in Organisation und Führung aufgezeigt. Dabei wurde deutlich, dass die Steuerung einer Organisation maßgeblich über die Führung erfolgt und sich die führungstechnischen Aufgaben auf den Prozess Planung → Entscheidung → Ausführung → Kontrolle manifestieren. Insbesondere um die Aufgaben Planung und Kontrolle umzusetzen, aber auch um Grundlagen für Entscheidungen und Tools für die Ausführungen zu erhalten, ist das Controlling ein wichtiges Element in der Struktur eines Unternehmens.

Im Zusammenhang mit der Thematik werden häufig drei Begriffe, die ähnlich klingen, verwendet: ControllerIn, Controllership und Controlling.

- ControllerIn → StelleninhaberInnen die Aufgaben des Controllings erledigen
- Controllership → das Aufgabenbündel, dass ControllerInnen übertragen wird
- Controlling → eine spezielle Führungs- und Managementfunktion, die von unterschiedlichen StelleninhaberInnen erledigt wird (J. Weber & Schäffer, 2020)

Dabei sollte es eine klare Abgrenzung zwischen ControllerIn und dem Management geben, denn der / die ControllerIn steht in Sparringspartnerschaft mit dem Management und versorgt diese mit z. B. Informationen, Risikoanalysen, Empfehlungen, damit vom Management sachgerecht gesteuert, entschieden und ausgeführt werden kann. Controlling selbst kommt aus dem Englischen, abgeleitet von to control und hat viele Ausdrücke wie z. B. lenken, leiten, regulieren, kontrollieren, planen (Eschenbach & Siller, 2019). Damit hat das Controlling in einem Unternehmen in dem Sinne zwei Funktionen. Zum einem eine aktive Unterstützung der Führungskräfte durch Bereitstellung von Zahlen, Daten, Fakten verbunden mit einer Empfehlung und zum anderen als qualifizierte Funktion für die eigenen Zielzahlen mit Hinblick auf die Konsequenzen jeder einzelnen Kennzahl und dem damit darin verbundenen Vertrauen darauf (Hahn & Beiweis, 2022). Damit das Vertrauen in die eigenen Zahlen gelingt, ist ein hoher Grad an Standardisierung hilfreich.

Um grundlegende und einheitliche Regeln für das Controlling zu entwickeln, wurde u. a. 1995 die „International Group of Controlling (IGC)" gegründet. Neben den Standards wurde auch ein Leitbild für ControllerInnen ausgegeben, damit international der Beruf und die Rolle weiterwachsen konnten. Folgende Entwicklungen der IGC waren nennenswerte Meilensteine:

- Controller-Leitbild → 1996 erstmals veröffentlicht, 2013 dritten Fassung
- Controlling-Prozessmodell → 2011 erstmals veröffentlicht, 2017 zweite Fassung
- Controlling-Prozesskennzahlen → 2012 veröffentlicht
- Controller-Wörterbuch → 2010 vierte Auflage (International Group of Controlling [IGC], 2023; Schulze et al., 2018)

Die Aufgaben des Controllings wurden ursprünglich vom Controller Institute of America, dem späteren Financial Executives Institute, im Jahr 1962 im Rahmen des Financial Managements vom Treasurership abgegrenzt. Dazu gehören im Wesentlichen die:

- Planung
- Berichterstattung und Interpretation
- Bewertung und Beratung
- Steuerangelegenheiten
- Berichterstattung an staatliche Stellen
- Sicherung des Vermögens
- Volkswirtschaftliche Untersuchungen (J. Weber & Schäffer, 2020)

Dieses Controllership wurde im IGC-Controller-Leitbild untermauert und ausgeweitet:

- Bewusste Beschäftigung mit der Zukunft, Chancen wahrnehmen, Risiken umgehen
- Ziele und Pläne ganzheitlich abgestimmt
- Entwickeln und pflegen der Controllingsysteme, sichere Datenqualität
- Betriebswirtschaftliches Gewissen der Organisation (Schulze et al., 2018)

Das Prozessmodell und die Kennzahlen der IGC ermöglichten einen Standard in der Struktur, um zeitlich und inhaltlich im angemessenen Rahmen wirksam zu werden. Dabei werden die Controlling-Prozesse gemäß der Methodik des Prozessmanagements in vier Ebenen zerlegt, wobei die vierte Ebene die notwendigen Arbeitsschritte abbildet: Geschäftsprozess → Hauptprozess → Teilprozess → Aktivität (Eschenbach & Siller, 2019; IGC, 2017).

Zusammenfassend lässt sich sagen, dass Controlling mit dem breiten Aufgabenspektrum nicht die Aufgabe einer einzelnen Person z. B. der ControllerIn ist. Controlling bedeutet vielmehr, einen übergeordneten Blick über das Unternehmen und die Prozesse, Analyse, Entscheidung, Risikoabschätzung im vorgegebenen normativen Rahmen zu erreichen. Damit sind neben der Controllingabteilung auch die oberste Führung und die Führungskräfte Betreiber und Gestalter des Controllings im Unternehmen.

Merkmale und Grundsätze im Controlling

Die Grundsätze des Controllings sind in der Controlling-Norm DIN SPEC 1086:2009–04 niedergeschrieben. So wird eine Qualitätssicherung im Controlling sichergestellt. Dabei geht es im Rahmen der Führungsaufgabe um Transparenz, Wahrhaftigkeit, Plausibilität und Konsequenz. Fachlich sind die Grundsätze festgelegt auf Verzahnung aller Führungsstufen, integrierte, bereichsübergreifende Planung, adressierte Führungsverantwortung, Verständlichkeit, Handhabbarkeit, Bedeutsamkeit und die Verfügbarkeit konsistenter Daten (DIN, 2009).

Controlling wird in drei Kategorien eingeteilt: normativ, strategisch und operativ. Gälweiler (2005) beschreibt die Vorsteuergrößen operativ und strategisch, kombiniert mit den Aufgaben und der Zeitachse (Gälweiler, 2005). Eschenbach und Siller (2019) haben das Modell um die normative Komponente erweitert und dies nicht nur auf die Führung, sondern auf das Controlling als Managementunterstützung übertragen (Eschenbach & Siller, 2019). Abbildung 3.7 zeigt das Controlling im Navigationssystem der Führung.

Normatives Controlling ist eng verknüpft mit dem normativen Management und kann als wertvoller Ideengeber einen höhen Beitrag im Rahmen der Themen

Aufgabenbereich	Unterstützt durch	Steuerungsgrößen	Orientierungs-grundlagen	Instrumente	Zeithorizont
Normative Führung	Normatives Controlling	Normen, Werte, Tugenden etc.	Ethik, CG, Compliance	Leitbild, Werte, Normen-Check	immer
strategische Führung	Strategisches Controlling	Erfolgspotentiale	SWOT, Abhängigkeiten, Marktposition	Potential-, Umfeld-, Portfolioanalyse, Strategische Bilanz	mittel- und langfristig
operative Führung	Operatives Controlling	Erfolg	Erträge-Aufwendungen, Kosten-Leistungen	GuV, Bilanz, Kosten- und Leistungsrechnung	kurzfristig
		Liquidität	Ein- und Auszahlungen, Einnahmen-Ausgaben	Investitionsrechnung, Geldflussrechnung	

Abbildung 3.7 Controlling im Navigationssystem von Führung und Zeitablauf. (Eigene Darstellung in Anlehnung an Gälweiler, 2005; Eschenbach & Siller, 2019, S. 62)

Unternehmenskultur, Normen und Werte sowie Mission und Vision leisten. Dazu gibt es verschiedene Instrumente, die dabei unterstützen sollen, wie normative Kennzahlen, Moral-Check, Stakeholder Analyse und Normen-Check usw. Daraus folgend steht das Controlling hier in einer engen Zusammenarbeit mit den Aufsichtsorganen, der Internen Revision, dem Risikomanagement, dem Compliance Management und ähnlichen Einrichtungen bzw. Institutionen. Das übergeordnete Ziel dabei ist eine positive Strömung im Unternehmen mit entsprechender Wirkung auf die Kultur und beispielhaften Führungskräften, um einen höheren Unternehmenserfolg zu erzielen (Siller, 2011). Das normative Controlling als einzelne Kategorie findet jedoch in der Praxis wenig Anwendung. Die Inhalte sind zumeist mit dem strategischen Controlling vermischt. Der Vollständigkeit halber wird es jedoch separat aufgeführt.

Im strategischen Management geht es um die Planung, Erstellung und Verfolgung einer Unternehmensstrategie. Das strategische Controlling soll dabei den Prozess, aber auch inhaltlich unterstützen. Denn um eine Strategie aufstellen zu können, ist viel Vorarbeit in Form von diversen Analysen zu leisten. Die Strategieplanung erfolgt in der Regel für einen drei bis fünf Jahreszyklus und erfordert ein hohes Maß an Kenntnissen des Marktes, der Konkurrenz und des Kunden / der Kundin (Busse et al., 2022). Diese Regel gilt ebenso für ein Krankenhaus.

Erfolgreich erprobte Analysen sind die vier nachfolgenden, wobei es viel mehr gibt, die jedoch wegen der großen Anzahl nicht vollständig aufgelistet werden:

- Branchenanalyse → Risiken, Chancen und Einflussfaktoren
- Potenzialanalyse → SWOT, strategische Bilanz, Potenzialprofil, Kernkompetenzen
- Portfolioanalyse → Strategische Geschäftsfelder, Marktanteil, Marktwachstum
- Szenario-Analyse → möglich erscheinende Zukünfte und Entwicklungspfade simulieren (Eschenbach & Siller, 2019)

Kommt im weiteren Verlauf der strategischen Umsetzung die Balance Score Card zu Einsatz, ist auch hier das Controlling wieder gefragt, um die Kennzahlen aufzustellen und entsprechend der Vorgaben bereitzustellen und zu prüfen.

Das operative Controlling dient der Sicherung des Unternehmenserfolges und der Aufrechterhaltung der Liquidität. Es wird in der Regel ein Jahreszyklus betrachtet und die nachfolgenden Themenfeldern werden erarbeitet:

- Planung und Budgetierung
- Kosten- und Leistungsrechnung
- Berichtswesen
- Kennzahlensysteme
- Erwartungsrechnung
- Qualitätsmanagement
- Sicherstellung der Übereinstimmung der operativen mit der strategischen Planung (Eschenbach & Siller, 2019)

Im Verlauf der Entwicklung des Controllings haben sich funktionsbezogene Ableger des Controllings herausgebildet, da auch in den einzelnen Fachabteilungen ein Controlling erforderlich ist und je nach Struktur des Unternehmens dieses ggf. nicht bedient werden kann. Ein weiterer Grund sind erforderliche, spezielle Controllingverfahren wie z. B. im Krankenhaus, im Personalwesen oder der Logistik. Beispiele dafür sind: Krankenhauscontrolling, Medizincontrolling, Personalcontrolling, Marketing-, Vertriebs-, Risiko-, Einkaufs-, Beteiligungs-Controlling etc. (Preißner, 2010). Deshalb wird auch die Bezeichnung Funktions-Controlling verwendet. Dabei handelt es sich um eine Spezialisierung zur Managementunterstützung mit einem jeweils möglichen Bezug auf eine spezielle Funktion, Faktor oder geografische Lage (Baumüller & Siller, 2021).

An das Controlling, als Business Partner des Managements, werden hohe Erwartungen unterschiedlicher interner KundInnen mit einem breiten Aufgabenspektrum gestellt. Deshalb besteht die Anforderung an ControllerInnen in verschiedenen Rollen zu agieren und entsprechende Kompetenzen vorzuweisen oder sich anzueignen (Goretzki, 2022).

Anforderungen an Controllingstruktur und ControllerIn

Wie überall steht auch das Controlling vor der Umsetzung der Digitalisierung und dem damit verbundenen Transformationsprozess. Gemäß Keimer und Egle (2020) ist das „Digital Controlling" ein Controlling, welches zunehmend digital ist und über einen Ansatz der Transformation den maximalen Kundennutzen erreicht. Dabei stärkt es seine fünf Dimensionen: Daten, Prozesse, Methoden, Kompetenzen und Technologie und muss hier die notwendigen Mindestanforderungen erreichen. Die transaktionalen und repetitiven Tätigkeiten sollen außerdem zunehmend automatisiert werden (Keimer & Egle, 2020).

Die Beschaffung von einer Software ist nur einer der ersten Schritte der Digitalisierung und hat das grundlegende Ziel analoge Medien und manuelle Prozesse digital abzubilden. Entscheidend jedoch für den Erfolg und Nutzen der Digitalisierung ist die Transformation des bisher manuellen Ablaufes in einen neuen verbesserten digitalen Ablauf. Das heißt, es werden sich tiefgreifende Gedanken gemacht, den bestehenden Prozess mit der Veränderung auch gleichzeitig zu optimieren. Dabei werden die Mitarbeitenden integrativ mitgenommen und mit der Veränderung ein höherer Kundennutzen generiert. Die Veränderung mündet dabei in ein angestrebtes Ziel. Dieses Vorgehen wird als digitale Transformation bezeichnet.

Im Wesentlichen treiben die Themenblöcke Business Intelligence, Big Data und die Industrie 4.0 die Digitalisierung im Controlling voran. Dabei stehen über die Industrie 4.0 neue Technologien zur Verfügung, welche in Big Data münden und für die Business Intelligence verarbeitbar werden.

Die aus den Technologien gelieferten Daten ermöglichen nun dem Controlling eine strukturierte Analyse und Präsentation der vorliegenden Informationen. Entsprechende Dashboards bzw. Kurzberichte können zielgruppengerecht bereitgestellt werden. Das befähigt die Führungskräfte zu fundierten Geschäftsentscheidungen in kurzer Zeit und kann einen entscheidenden Wettbewerbsvorteil bedeuten.

Für diese Themenvielfalt benötigt es auch ein neues ControllerInnenprofil, dass des / der „digitalen ControllerIn". Die Basis der / des digitalen ControllerIn ist weiterhin ein fundiertes Fachwissen (Controlling). Die weiteren vier Dimensionen sind Business, Data Science, IT-Management, Leistungskultur. Alle fünf Dimensionen enthalten bestimmte Attribute, welche zu erfüllen sind. Entscheidend ist, zu verstehen, dass nicht jede / r ControllerIn das gesamte Portfolio abdecken kann. Deshalb ist der / die digitale ControllerIn übergreifend im Team zu identifizieren. Das heißt, das Controlling-Team muss alle Dimensionen und Attribute ganzheitlich abdecken, um über das Kompetenzprofil „Digitaler ControllerIn" zu verfügen (Egle & Keimer, 2018).

Diese Erkenntnisse und die daraus folgenden Veränderungen muss jedes Unternehmen mit einer Controllingstruktur absolvieren. Auch Krankenhäuser sind wegen der besonderen Datenlieferungen an z. B. das InEK, wie z. B. die PpUGV und die PPP-RL, besonders betroffen. Denn das ist nur mit einer angemessenen Digitalisierung mit vertretbarem Aufwand möglich.

Personalcontrolling

Um das Jahr 1980 veränderte sich das Personalwesen in Richtung Personalmanagement und machte durch die Notwendigkeit einer wirtschaftlichen Betrachtung der Personalressourcen das Personalcontrolling erforderlich (Gerlach, 2022). Dabei ist das Personalcontrolling entscheidend in die Personalarbeit eingebunden und ein wesentlicher Bestandteil der Wertschöpfungskette. Die vorab genannten Aufgaben von Planung → Entscheidung → Ausführung → Kontrolle stehen auch hier im Mittelpunkt. Die Ergebnisse sollen Transparenz herbeiführen und das Management unterstützen (Stierle et al., 2017).

Kobi (2021) fast die Aufgaben des Personalcontrollings als spezifisches Controlling wie folgt zusammen:

- Unterstützung, die Personalarbeit auf die Unternehmensstrategie und kommende Themenstellungen einzustellen
- Veranlasst ein gezieltes Handeln auf der Basis von Schwerpunkten
- Schafft Informationen die Verbesserungspotenziale früh aufdecken, um vorbeugend gegensteuern zu können
- Verdeutlicht Entwicklungen und Fortschritte
- Sensibilisiert zu Kosten und Risiken der Personalressourcen
- Stellt sichtbar den Erfolg der Personalabteilung im Kontext des Gesamtunternehmens dar
- Stößt Lern- und Veränderungsprozesse an (Kobi, 2021)

Die Felder des Personalcontrollings werden dabei in einer Matrix in quantitativ und qualitativ sowie operativ und strategisch eingeteilt, gemäß der Abbildung 3.8 in Anlehnung an Kobi (2021).

In der Literatur ist viel beschrieben, wie wichtig das Personalcontrolling ist. Es gibt diverse Handbücher und Hilfsmittel für einen Aufbau und eine erfolgreiche Etablierung solch eines Bereiches und den passenden Kennzahlen dazu.

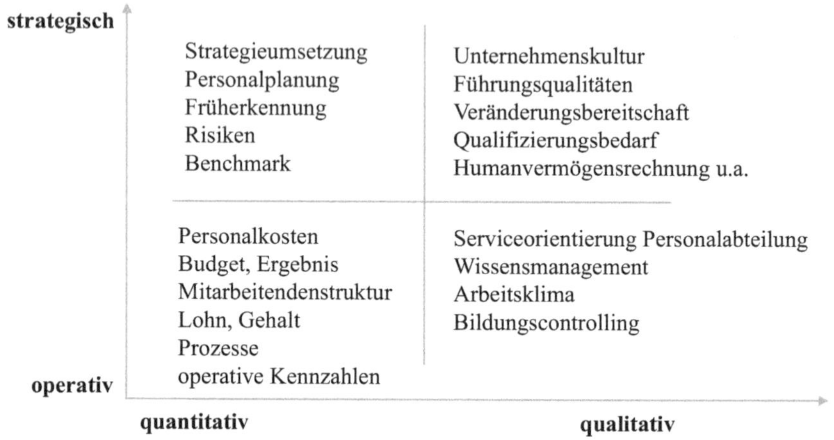

Abbildung 3.8 Handlungsfelder Personalcontrolling. (Eigene Darstellung in Anlehnung an Kobi, 2021, S. 369)

In der Praxis bzw. Realität stagniert das Personalcontrolling in seiner Entwicklung und wird auch als unterentwickelt bzw. unterrepräsentiert angesehen. Wickel-Kirsch (2018) hat die Entwicklung des Personalcontrollings über die letzten 25 Jahre untersucht. Dabei wurde bestätigt, dass das Personalcontrolling eine Spezialdisziplin der Personalarbeit ist. Es gibt keinen wirklichen Standard und die Bandbreite reicht von einem einfach Berichtwesen bis hin zu einem Personalcontrolling auf höchstem Niveau. Es gab wenig Veränderung über die Jahre und auch die Kennzahlen haben sich kaum geändert. Oft stehen die Aussagekraft und die Steuerung danach nicht im Vordergrund. Meist werden nur Personalkennzahlen erhoben, die leicht verfügbar sind oder politisch relevant (Wickel-Kirsch, 2018). Auch die Studie der Haufe Akademie (2020) zeichnet ein ähnliches Bild. Die Unternehmen stellen nur geringe Kapazitäten für das Personalcontrolling bereit. Nur 20 % der befragten Unternehmen hatten einen eigenständigen Bereich Personalcontrolling. Nur 45 % der Unternehmen arbeiten softwaregestützt. Systematische Kennzahlensysteme werden nur bei 19 % der Unternehmen angewendet. Strategische Instrumente nur bei 9 % der Befragten. Es werden negative Auswirkungen durch das Personalcontrolling befürchtet und ein zu hoher Arbeitsaufwand wird gesehen. Die Personalabteilungen selbst messen nicht die Erfolge ihrer Arbeit (Wickel-Kirsch & Jäger, 2020).

Das Personalcontrolling ist ein entscheidender Faktor im Rahmen von Führung und Entwicklung im Unternehmen und der Fokus darauf sollte zwingend gestärkt werden. Deshalb ist es von Bedeutung, dass die Wichtigkeit des Personalcontrollings im Gesamtkontext der Controllingstruktur weiter gefördert und hervorgehoben wird, dabei sollte nicht nur die Erreichung der monetären Unternehmensziele im Fokus stehen.

Kobi (2021) hat gemäß Abbildung 3.9 ein Bild als eine Informationsabmischung aus dem Personalcontrolling skizziert. Die Abmischung meint, damit, insbesondere neben den Kennzahlen, auch qualitative Indikatoren zu erfassen und zu beurteilen. Die Darstellung ist eine Soll-Orientierung, die als Ziel des Ausbaus des Personalcontrollings anvisiert werden kann.

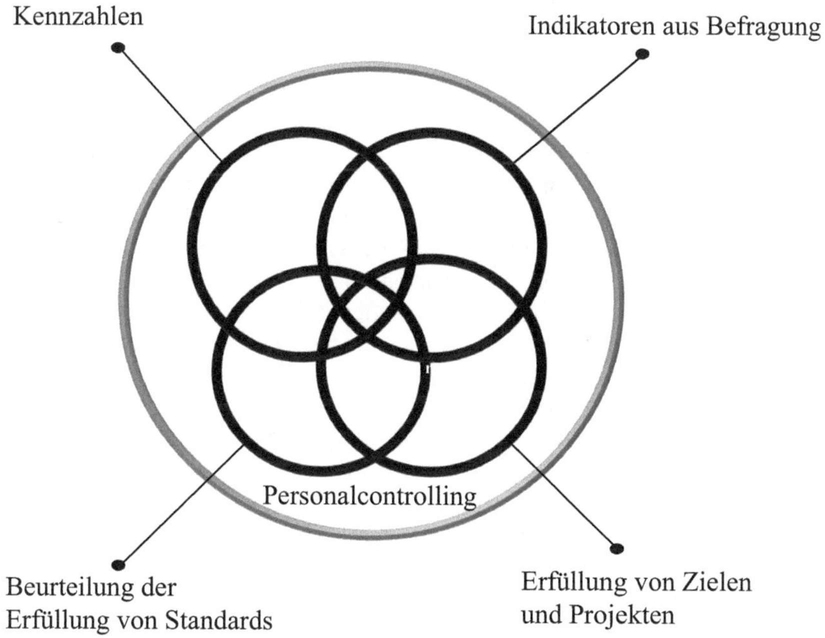

Abbildung 3.9 Ganzheitliches Personalcontrolling. (Eigene Darstellung in Anlehnung an Kobi, 2021, S. 370)

Um jedoch auch als Steuerungsinstrument funktionieren zu können, bedarf es der in der Abbildung 3.9 benannten Messgrößen, den Kennzahlen. Die Anforderung dabei ist, dass diese Kennzahlen über die monetäre Sicht hinaus gehen und das Reporting auch um die reine Personal- und Führungsarbeit erweitert wird.

Bezug zum Gesundheitswesen / zu Krankenhäusern

Das Controlling im Krankenhaus hat sich mit dem Gesetz zur Sicherung und Strukturverbesserung der gesetzlichen Krankenversicherung im Jahr 1993 rapide etabliert. Die Kliniken suchen landesweit qualifiziertes Personal für ihre Controllingabteilungen. Trotzdem gibt es keine klaren Festlegungen, was Krankenhauscontrolling ganz genau beinhaltet. Fleßa und Weber (2022) verschärfen die Aussage mit ihrer Feststellung, dass Controlling seiner Eigenschaft bzw. Identität beraubt wird, weil es mit dem Management auf eine Stufe gestellt wird oder bis hin zur reinen Kostenrechnung herabgewürdigt wird (Busse et al., 2022).

Tatsächlich gibt es in den einzelnen Kliniken alle Varianten und Strukturen, zentral als Zentralcontrolling, dezentral den einzelnen Bereichen zugeordnet. Das betriebswirtschaftliche Controlling bei Finanzen angesiedelt und das Medizincontrolling unter der obersten ärztlichen Leitung, dann u. U. auch unabgestimmt, jeder mit eigenen Datenauswertungen. Als Stabsstelle oder auch als Geschäftsbereich, meistens je nach Größe der Klinik angepasst.

Auch wenn sich das Controlling immer öfter in der Sparringspartnerschaft mit dem Management befindet, betrifft das jedoch fast ausschließlich das operative Geschäft. Strategisch und / oder normativ ist das Controlling nur sehr selten eingebunden. Das ist wenig nachvollziehbar, da die politischen Strömungen und die damit einhergehenden strukturellen Veränderungen der Krankenhauslandschaft ein strategisches Mitwirken unabdingbar machen (Busse et al., 2022). Die Prozesse und Modelle des betriebswirtschaftlichen Controllings unterscheiden sich nicht wesentlich von den Controllingbereichen in anderen Unternehmen.

Die DVKC e. V. – Management und Controlling in der Gesundheitswirtschaft erhebt regelmäßig Studien zur Situation des Controllings im Gesundheitswesen. Die Erhebung aus dem Jahr 2018 bis 2019 und zeigt den Zustand des Controllings insbesondere für den Sachkostenbereich und für das Personalcontrolling in der Pflege auf. Beides steht im Zusammenhang der finanzwirtschaftlichen Entwicklung des operativen Geschäftes von DRG-Sachkostenabwertungen und der damals anstehenden Einführung der Pflegepersonaluntergrenzen und den damit verbundenen möglichen Vergütungsabschlägen (Crasselt et al., 2019). Die Erhebung 2022 / 23 beschreibt den Stand des Krankenhauscontrollings mit Fokus auf Personalausstattung, Tätigkeitsprofile und Digitalisierung des Berichtswesens sowie die Nachhaltigkeitsberichterstattung (CSRD). Insgesamt zeigen sich stabile Controlling-Kapazitäten und Rollen sowie begrenzte Fortschritte im Pflegecontrolling und in der Liquiditätsplanung. Die Psychiatrie / Psychosomatik passen ihre Steuerung schrittweise an das Psych-Entgeltsystem an (Crasselt et al., 2023). Die Erhebung 2024 / 25 fokussiert die Auswirkungen aktueller Regulierung (Hybrid-DRGs, PPBV) und bestätigt eine stabile Personalausstattung und Tätigkeitsprofile im Controlling. Sichtbar sind Anpassungen im Berichtswesen (Umrechnung von Hybrid-DRG-Entgelten in fiktive Case-Mix-Punkte) sowie eine noch geringe ESG / CSRD-Steuerungsnutzung (nur ca. 10 % der Häuser erheben ESG-Kennzahlen für die interne Steuerung) (Crasselt et al., 2025).

Neben dem betriebswirtschaftlichen Controlling sind zwei Spezialgebiete des Controllings im Krankenhausumfeld von besonderer Bedeutung:

- Medizincontrolling
- Personalcontrolling

Das Medizincontrolling bildete sich mit Einführung des DRG-Systems heraus und ist ebenso wie das Controlling in allen Varianten und Facetten im Klinikbetrieb zu finden. Waren es zu Beginn Mitarbeitende aus dem Ärztlichen Dienst, die diese Aufgabe übernahmen, gibt es heute Weiterbildungsmöglichkeiten zum / zur MedizincontrollerIn, die eine abgeschlossene Berufsausbildung oder einen akademischen Abschluss z. B. in BWL erwarten (Medi-Karriere, 2023). Deshalb sind MedizincontrollerInnen nicht zwingend Ärzte. Die Aufgaben von MedizincontrollerInnen sind ähnlich wie bei den ControllerInnen abhängig von den anzutreffenden Strukturen innerhalb des Krankenhauses. Sie können einfach sein von einer Fallbearbeitung und bis hin zu Budgetverhandlungen oder Sozialgerichtsverhandlungsvorbereitungen reichen (Drozdzynski, 2020). Auch hier ist die Ausrichtung eher operativ als strategisch. Eine Einbindung des Medizincontrollings in das strategische Management wäre besonders im Zusammenhang des Portfolios, der Marktentwicklung und der damit verbundenen Medizinstrategie sinnvoll (Drozdzynski, 2020).

Das Personalcontrolling ist in einem Krankenhaus ein wichtiger Partner, da ein Krankenhaus als Dienstleister einen großen Personalbestand vorhalten muss und dabei jederzeit über die wichtigste Ressource im Unternehmen informiert sein sollte.

Nur in Ausnahmenfällen ist das Personalcontrolling in Krankenhäusern vollständig automatisiert. Manuelle Listen etc. kommen für den Erkenntnisgewinn zum Einsatz, mit erheblichem Aufwand und einer ständigen Gefahr von Übertragungs- bzw. Berechnungsfehlern.

Die Weiterentwicklung des Personalcontrollings sowie die regelmäßige Erstellung von Kennzahlen sind häufig nur durch geänderte gesetzliche Grundlagen wie z. B. der Pflegepersonaluntergrenzen getriggert (Nemmer & Schuster, 2022).

Im Umkehrschluss bedeutet das, dass es dann auch dabei bleibt und nur die dafür notwendigen Kennzahlen erstellt werden, jedoch die Wichtigkeit von Personalkennzahlen nicht ganzheitlich weiterverfolgt wird. Die Kombination aus Leistungsdaten und Personalkennzahlen im tieferen Sinne kann jedoch auch Prozessschwächen aufdecken und grundsätzlich zu Verbesserungen im Klinikablauf führen (Hantl-Merget et al., 2021).

Kennzahlen im Unternehmensumfeld

Definition Kennzahlen und Kennzahlensysteme

Kennzahlen geben eine quantitative Information über definierte Sachverhalte wieder und dienen insbesondere der Unternehmenssteuerung bzw. Analyse bestimmter Auffälligkeiten. Für das Controlling sind Kennzahlen ein Standardinstrument. Sie sind weitläufig bekannt und in der Literatur ausführlich häufig beschrieben. Sie sind Einzeldaten die zusammengefasst als Kennzahl einen Überblick und Informationen zu Soll- und Ist-Situationen bei betriebswirtschaftlichen Sachverhalten geben. Sie ermöglichen einen schnellen Überblick über Situationen und sind im Rahmen der Führungsaufgaben von Planung → Entscheidung → Ausführung → Kontrolle überall eingesetzt. Dominierten früher nur Finanzkennzahlen gibt es heute auch Prozesskennzahlen oder Kennzahlen, die sich z. B. mit KundInnen und Mitarbeitendenzufriedenheit befassen (Eschenbach & Siller, 2019; J. Weber & Schäffer, 2020). In der Literatur werden Kennzahlen unterschiedlich sortiert. Beispielsweise können sie nach dem betrieblichen Sektor benannt werden:

- Finanzkennzahlen → Return on Investment, Deckungsbeitrag
- Markt- und KundInnenkennzahlen → Marktanteil, Akquisitionsrate
- Prozesskennzahlen → Fehlerquote, Auslastung
- Personalkennzahlen → Fehlzeiten, Fluktuationsrate

- Innovationskennzahlen → Vorschlagsquote, Forschungsintensität (J. Weber & Schäffer, 2020)

Kennzahlensysteme stellen den Zusammenhang von Ursache und Wirkung in Bezug einzelner Kennzahlen her und sind damit eine Anordnung quantifizierbarer Daten. Sie gehören ebenfalls zum Standardsortiment des Controllings und sind eine Kombination aus einzelnen Kennzahlen. Sie sind entweder mathematisch verbunden wie das Du Pont-Schema (reines Finanzkennzahlensystem) oder sie sind über mehrere Sichtebenen miteinander verknüpft, wie z. B. die Balanced Scorecard von Norton und Kaplan, als ganzheitlicher Unternehmensblick über Finanzen, Prozesse, KundInnen und Mitarbeitende (Eschenbach & Siller, 2019). Kennzahlen müssen bestimmten Anforderungen entsprechen, aussagekräftig definiert und beschrieben sein. Sie sollen dabei:

- Klar und transparent sein
- Bei den Betroffenen akzeptiert sein
- Zu den gesetzten Zielen einen Bezug haben
- Vergleichbar, eindeutig und aussagekräftig sein
- Als Zahlen abgebildet sein (Gerlach, 2022)

Grundsätzlich muss jedes Unternehmen, ausgerichtet danach, ob es produziert, Handel treibt und / oder Dienstleistungen vergibt, eigene Kennzahlen identifizieren und aufsetzen. Im Krankenhaus sind wichtige Kennzahlen z. B. der Case-Mix-Index und die Verweildauer. Kennzahlen und Kennzahlensysteme bergen jedoch auch Risiken, denen sich Nutzer und Ersteller der Daten bewusst sein sollten. Sie können falsche Anreize schaffen, falsch interpretiert werden oder auch zu komplex sein. Deshalb sind ein ausgewogener Umgang, eine hohe Qualität und eine korrekte Interpretation essenziell, um die richtigen Schlüsse ziehen zu können. Dabei steht die Unternehmensstrategie im Zentrum aus der alle weiteren Strategien, und in diesem Fall die Personalstrategie, abgeleitet werden.

Personalkennzahlen

Personalkennzahlen bilden einen wichtigen Bestandteil im Personalcontrolling und damit in der Personalwirtschaft eines Unternehmens. Aber sie sind viel mehr als das – richtig genutzt und angewendet, geben sie eine Darstellung über die Erreichung der Unternehmensziele ab und müssen in diesem Kontext auch in eine Unternehmensstrategie und weitere Planungen eng eingebunden sein.

Wienkamp (2020) beschreibt, dass nicht nur das Vorhandensein dieser Kennzahlen einen Vorteil erbringt, sondern dass eine kluge Auswahl branchen- und im speziellen unternehmensspezifisch erforderlich wird. Das Finanzcontrolling ist in den Unternehmen weiterhin dominierend, dem Personalcontrolling und den damit verbundenen Kennzahlen wird lange nicht so viel Wertschätzung und Beachtung gegeben. Dabei ist es egal, welche Branche es ist und auch ob NPO oder PO (Wienkamp, 2020).

Personalkennzahlen sollten nach Adressaten bereitgestellt werden. Sie sollten in allererster Linie die Personalarbeit an sich abbilden. Dabei ist eine sinnvolle Unterteilung, diese nach den Bereichen einer Personalabteilung gekoppelt mit dem Employee Life Cycle aufzustellen.

- Planung Personalbedarf
- Recruiting
- Personaleinsatz
- Personalentwicklung
- Personalführung
- Personalservice
- Personalfreisetzung (Gerlach, 2022)

Planung Personalbedarf: Die Planung für den Bedarf an Personal setzt sich aus zwei Teilen zusammen, der Kapazitätsplanung als reiner Planbedarf und der Bestandsplanung mit Stichtagsbezug am Ende der geplanten Periode z. B. Ende Geschäftsjahr. Die Planung erfolgt auf Dienstartenebene und Funktion in Anlehnung an die bestehende Aufbauorganisation (Wienkamp, 2020).

Im Klinikbetrieb wird für die Dienstarten z. B. unterschieden zwischen Ärztlichen Dienst, Pflege und Verwaltung und dann weiter runter gebrochen entsprechend der Funktionen. Dabei ist für die Personalplanung in einem Krankenhaus das 24 / 7 – Dienstgeschäft noch von Bedeutung, da je nach Dienstmodell der einzelnen Bereiche geplant werden muss. Tabelle 3.2 zeigt in Anlehnung an Gerlach (2022) Beispiele für Kennzahlen zur Thematik Planung.

Die Kennzahlen für die Planung dienen zum einem im Rahmen der Wirtschaftsplanung, um die korrekten Planansätze zu verwirklichen und zum anderen kann unterjährig der Personalbedarf überwacht sowie die Nachfolgeregelungen aktiv im Rahmen von Recruiting und Personalentwicklung gesteuert werden.

Recruiting: Die Deckung des Personalbedarfes erfolgt über das Recruiting. Der Prozess beginnt in der Regel nach der Planung und Bekanntgabe des Budgets oder im Rahmen von Nachbesetzungen aus den Fachabteilungen heraus. Abbildung 3.10 skizziert den Prozess von der Anforderung bis zum Onboarding:

Tabelle 3.2 Beispielkennzahlen für die Planung. (Eigene Darstellung in Anlehnung an Gerlach, 2022, S. 171)

Kennzahl / Dimension	Mögliche Ermittlung
Altersstruktur → % in Altersklassen	Summe der Altersgruppe von… bis… × 100 / Gesamtbelegschaft
Altersdurchschnitt pro Team → Jahre	Summe Alter über Gesamtbelegschaft: Anzahl der Mitarbeitenden
Teilzeitquote → Prozent	Anteil Teilzeitmitarbeitenden / Gesamtbelegschaft
Fluktuation → Prozent	Zahl der eingestellten Mitarbeitenden, die nach einem Jahr noch vorhanden sind / Zahl aller im Jahr eingestellten Mitarbeitenden
Fehlzeitenquote → Prozent	Fehltage oder -stunden × 100: Sollarbeitszeit
Nachfolgeplanung → Anzahl	Anzahl Mitarbeitenden mit strategisch wichtigen Qualifikationen / Anzahl Schlüsselpositionen

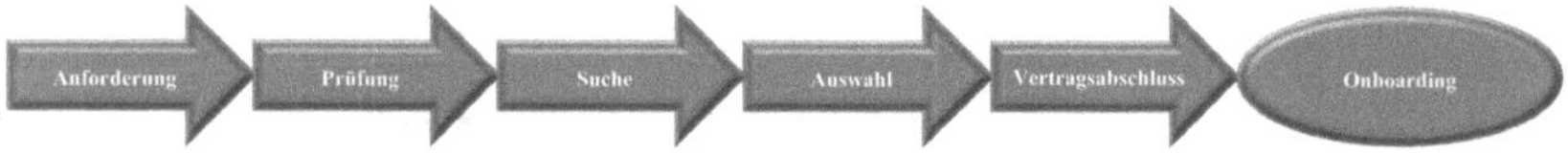

Abbildung 3.10 Recruitingprozess. (Eigene Darstellung)

Die Rolle des Personalcontrollings kann hier im strategischen Rahmen die Fragestellung nach Arbeitsmarktsituation, Image der Organisation, Wettbewerbssituation sein. Im operativen Rahmen werden die Kennzahlen noch einmal unterteilt in faktororientierte Kennzahlen → Sicht der internen Kunden und in prozessorientierte Kennzahlen → Effizienz im Recruitingprozess (Gerlach, 2022). Tabelle 3.3 zeigt in Anlehnung an Gerlach (2022) Beispiele für Kennzahlen zur Thematik Recruiting.

Diese Kennzahlen können Unternehmen helfen, Wettbewerbsvorteile zu erlangen. Zum einem durch die gewonnenen Marktkenntnisse, aber auch, weil die interne Prozessgeschwindigkeit verbessert werden kann und damit die Chance deutlich höher ist, den Rekrutierungsprozess erfolgreich abzuschließen.

Personaleinsatz: Der Einsatz und die Einsatzplanung stellen den wertschöpfenden Prozess im Tagesgeschäft eines Unternehmens sicher. Dabei geht es vorwiegend um drei Themenpunkte die operationalisiert im Personalservice und im Arbeitszeitmanagement erledigt werden. Zum einen ist es der Einsatz an sich, der z. B. in Stellenbeschreibungen oder Stellenplänen Anwendung findet. Es ist

Tabelle 3.3 Beispielkennzahlen für das Recruiting. (Eigene Darstellung in Anlehnung an Gerlach, 2022, S. 174 – 175)

Kennzahl / Dimension	Kennzahl prozessorientiert
Gesamtkosten des Gewinnungsprozesses → Euro	Kosten für die Personalauswahl pro BewerberIn und pro Vakanz
Kosten pro eingestellten Mitarbeitenden → Euro	Kosten des Gesamtprozesses im Verhältnis zur Anzahl der Einstellungen
arbeitgeberveranlasste Kündigungen in der Probezeit → Prozent	Anzahl der Einstellungen pro RecruiterIn
Zahl der ungeplanten dringenden Stellenbesetzungen → absolute Zahl	interne Reaktionszeit (von der Genehmigung bis zur externen Ausschreibung)
Kosten einer nicht besetzten Stelle → Euro	Anzahl der Einstellungen im Verhältnis zur Anzahl der Gesamtbewerbungen
Dauer der Einarbeitungszeit → in Tagen	Anzahl der Vorstellungsgespräche im Verhältnis zur Anzahl Bewerbungen

des Weiteren die Arbeitsorganisation wie z. B. Teilzeit, Organigramm, Sabbatical, Arbeitsplatzgestaltung und es sind die Regelungen zur Arbeitszeit über die verschiedenen Arbeitszeitmodelle wie z. B. Gleitzeit, 3-Schichtsystem, Rufdienst. Damit wird sichergestellt, dass die richtigen Personen zur richtigen Zeit am richtigen Ort ihren Aufgaben nachkommen und dies auch können. Tabelle 3.4 zeigt in Anlehnung an Gerlach (2022) Beispiele für Kennzahlen zur Thematik Personaleinsatz.

Personalentwicklung: Die Personalentwicklung befähigt ein Unternehmen, ihre Arbeitskräfte zu halten und zu motivieren. Dabei geht es grundsätzlich immer um die Förderung des Einzelnen, aber auch um Schulungen und Trainings ganzer Gruppen z. B. von Führungskräften. Ziel ist es, dass am Ende durch die Maßnahmen eine enge Bindung zum Unternehmen entsteht und eine Motivation zu Höchstleistungen des Einzelnen erreicht wird. Daraus ergibt sich, dass es ein Bündel an Maßnahmen ist, die im Employee Life Cycle auf die Mitarbeitenden einwirken. Besonders nennenswert sind dabei die Fort- und Weiterbildung, das Nachfolgemanagement, die Führungskräfteentwicklung und die Mitarbeitendengespräche. Insbesondere in einem Krankenhaus sind Fort- und Weiterbildung ein entscheidendes Thema, um langfristig alle Strukturvoraussetzungen von G-BA und OPS zu erfüllen, damit einzelne Leistungen, wie z. B. die Komplexpauschale für Intensivmedizin, abgerechnet werden können. Dies gilt ebenso für das Nachfolgemanagement und die Bindung spezieller Fachkräfte. Um das angepasst

Tabelle 3.4 Beispielkennzahlen für den Personaleinsatz. (Eigene Darstellung in Anlehnung an Gerlach, 2022, S. 177)

Kennzahl / Dimension	Information über
Vakanzenquote → Prozent	offene Stellen im Unternehmen, pro Facheinheit
Krankheitsquote → Prozent	Fehlzeiten durch Krankheit
Überstundenquote → Prozent	Anteil über der Sollarbeitszeit
Kosten externer Mitarbeitenden → Euro	Kosten im Verhältnis zu internen Besetzungen
Anzahl Rückkehrer → absolute Zahl	Anzahl an Rückkehrenden aus Elternzeit und Langzeitkrank
Leitungsspanne → Anzahl	Anzahl an Mitarbeitenden, die von einer Führungskraft betreut werden

steuern zu können, sind die richtigen Kennzahlen von großer Bedeutung. Dies gilt für alle Unternehmen. Tabelle 3.5 zeigt in Anlehnung an Gerlach (2022) Beispiele für Kennzahlen zur Thematik Personalentwicklung.

Tabelle 3.5 Beispielkennzahlen für die Personalentwicklung. (Eigene Darstellung in Anlehnung an Gerlach, 2022, S. 180)

Kennzahl / Dimension	Information über
Potenzialquote → Prozent	Potenzialträger im Vergleich zum Personalbestand
Traineequote → Prozent	Anzahl der Trainees im Vergleich zu allen Mitarbeitenden
Übernahmequote → Prozent	Anzahl der übernommenen Auszubildenden zu allen Auszubildenden des Jahrganges
Weiterbildungsinvestitionsquote → Prozent	Kosten für Weiterbildung im Verhältnis zum Personalbestand
Kosten pro Trainingstag → Euro	Kosten für Aus- und Weiterbildung in Vergleich zur Anzahl der Trainingstage
Anzahl Bildungsurlaubstage → Tage	Beanspruchung von Bildungsurlaubstagen als zusätzliche Fehlzeit

Personalführung: In die Thematik Führung und Personalführung wurde im Abschnitt „Führung von Unternehmen und Menschen“ intensiv eingegangen. Der

Vollständigkeit halber wird im Kontext der Kennzahlen hier erneut Bezug darauf genommen. Tabelle 3.6 zeigt in Anlehnung an Gerlach (2022) Beispiele für Kennzahlen zur Thematik Personalführung.

Tabelle 3.6 Beispielkennzahlen für die Personalführung. (Eigene Darstellung in Anlehnung an Gerlach, 2022, S. 186)

Kennzahl / Dimension	Information über
Fluktuationsquote → Prozent	Ausscheiden auf Wunsch von Mitarbeitenden, Versetzung intern auf Wunsch von Mitarbeitenden
Krankheitsquote je Organisationseinheit → Prozent	Fehlzeiten durch Krankheit pro Führungskraft
Commitment-Index → Indexwert	Identifikation mit dem Unternehmen und Leistungsbereitschaft
Anzahl der Mitarbeitenden, die an Weiterbildungsmaßnahmen teilnehmen → absolute Zahl	Förderung der Weiterentwicklung von Mitarbeitenden über Weiterbildungen
Führungsqualität → Skalenwert	Ergebnisse aus Mitarbeitendenbefragungen oder -gesprächen
Anträge von Vorgesetzten auf Jobenlargement und Jobenrichment → absolute Zahl	Förderung der Weiterentwicklung von Mitarbeitenden innerhalb des Unternehmens

Personalservice: Der Personalservice hat die Aufgabe der Betreuung der einzelnen Mitarbeitenden von der Einstellung bis zum Ausscheiden aus dem Unternehmen. In diesem Bereich wird die Komfortempfindung der Mitarbeitenden und deren Führungskräfte besonders deutlich wahrgenommen. Kennzahlen aus dem Personalservice geben Auskunft über die eigene Situation der Personalabteilung. Ziel ist eine Ausgewogenheit der Auslastung zu erreichen, um Zufriedenheit über den Betreuungsprozess für die Mitarbeitenden zu generieren. Auch im Zusammenhang mit möglichen Fehlerquoten im Kontext der Arbeitslast ergeben Schlüsse, die daraus wiederum Maßnahmen zur Behebung ableiten. Tabelle 3.7 zeigt in Anlehnung an Gerlach (2022) Beispiele für Kennzahlen zur Thematik Personalservice.

Personalfreisetzung: Personalfreisetzung können Maßnahmen zum Personalabbau im größeren Stil sein z. B. durch Schließung von Standorten, aber auch Einzelmaßnahmen, wie z. B. Auflösung von Arbeitsverhältnissen im gegenseitigen Einvernehmen mit Abfindungsregelung. Beide Varianten bedürfen eines

Tabelle 3.7 Beispielkennzahlen für den Personalservice. (Eigene Darstellung in Anlehnung an Gerlach, 2022, S. 188)

Kennzahl / Dimension	Information über
Zahl der betreuten Mitarbeitenden pro BetreuerIn → Anzahl	Arbeitsverteilung
Abrechnungen pro GehaltsabrechnerIn → Anzahl	Arbeitsverteilung
IT-Kosten und deren Anteil an den Gesamtkosten → Prozent	Betreuungsrelevanz und -intensität
Planstellenbesetzungsquote → Prozent	Prozessgeschwindigkeit
Anzahl der Eintritte / Versetzungen / Beförderungen → Anzahl	Auslastung
Anzahl der Tarifbereiche → Anzahl	Komplexität

Controllings, um die Kostenentwicklung und den Umsetzungsstand im Blick zu halten. Tabelle 3.8 zeigt in Anlehnung an Gerlach (2022) Beispiele für Kennzahlen zur Thematik Personalfreisetzung.

Tabelle 3.8 Beispielkennzahlen für die Personalfreisetzung. (Eigene Darstellung in Anlehnung an Gerlach, 2022, S. 195 – 196)

Kennzahl / Dimension	Information über
Abfindungsaufwand pro Mitarbeitenden → Euro	Kosten im Zeitverlauf
Arbeitsgerichtskosten pro Mitarbeitenden → Euro	Klagehäufigkeit
Anteil Kündigungen von Leistungsträgern → Prozent	Häufigkeit zwecks Ursachenforschung
Fluktuationskosten (direkt und indirekt) pro Mitarbeitenden → Euro	Kosten im Zeitverlauf

Die genannten Kennzahlen, nach den Bereichen einer Personalabteilung gekoppelt mit dem Employee Life Cycle im Kontext, sollten je nach Branche und Unternehmensgröße individuell festgelegt werden. Dabei gilt u. U. weniger ist mehr, dafür mit großer Aussagekraft. Die Daten sollten möglichst automatisiert vorliegen, um den Arbeitsaufwand für die PersonalcontrollerInnen in einem akzeptablen Rahmen zu halten.

Neben dem internen Reporting von Personalkennzahlen ist auch das externe Reporting je nach Art des Unternehmens von besonderer Bedeutung. Scholz und

Sattelberger (2013) haben die „HCR 10“ entwickelt. Die sind in sieben Bereichen aufgeteilt und haben verschiedene Kennzahlen dahinter gelegt. Diese Bereiche sind:

- Personalaufwand → Kosten
- Mengengerüst → Anzahl Mitarbeitende
- Struktur → Verschiedenartigkeit der Mitarbeitenden
- Aus- und Weiterbildung → Förderung
- Motivation → Leistungsbereitschaft
- Arbeitsumfeld → Motivationsvoraussetzung
- Ertrag → Output der Mitarbeitenden (Scholz & Sattelberger, 2013)

Oft wird über die großen Branchenunterschiede gesprochen und selbst innerhalb einer Branche erscheinen die Unterschiede oft zu groß. Doch die Autoren von HCR 10 sagen: „Sicherlich divergiert die Personalarbeit quer über Branchen. Dies ändert aber nichts daran, dass für alle Branchen das gleiche Grundraster verwendet werden kann.“ (Scholz & Sattelberger, 2013, S. 6)

Der Vollständigkeit halber sollen hier noch der European Sustainability Reporting Standards (ESRS) – Standard und der Global Reporting Initiative (GRI) – Standard für Nachhaltigkeitsberichte benannt werden. Als Systeme zur Darstellung von Auswirkungen ökonomischer, ökologischer und sozialer Art beinhalten sie ähnliche Kennzahlen.

Bezug zum Gesundheitswesen/ zu Krankenhäusern

Grundsätzlich ist die Wichtigkeit von Personalkennzahlen bekannt und diese sind auch in Verwendung. Das jedoch häufig im Rahmen der finanzwirtschaftlichen Sicht (Stierle et al., 2017) z. B. eines Monats- oder Quartalsreports. Dabei geht es in der Regel um Vollzeitkräfte, Kopfzahlen oder die entstehenden Kosten dazu. Auch im Krankenhaus werden diese und weitere Daten zusätzlich eher im Leistungsbezug der z. B. Bewertungsrelationen betrachtet (Beck, 2021). Dabei haben Personalkennzahlen eine besondere Bedeutung und Wichtigkeit, denn sie sollen einen schnellen und zuverlässigen Überblick über die aktuelle Personalsituation im gesamten Unternehmen geben sowie auch über die eigentliche Personalarbeit. Als ein wichtiges Bindeglied zur Planung, Steuerung und Kontrolle geeignet, nehmen sie zusätzlich einen wichtigen Teil im Rahmen von Prozessoptimierungsmaßnahmen ein (Frodl, 2015). Wird nun ein Krankenhaus betrachtet, welches als Dienstleister einen sehr hohen Bestand an Personal aufweist, unterstreicht sich die Wichtigkeit der Arbeit mit diesen Kennzahlen nochmals. Deshalb erscheint es sinnvoll, eine klug gewählte Auswahl an Personalkennzahlen festzulegen und diese in Dashboards mit anderen Kennzahlen zielgerichtet an die entsprechenden Empfänger regelmäßig zu berichten. Die Pflege ist durch die gesetzlichen Änderungen in einigen Kliniken schon deutlich weiter und arbeitet mit einem Dashboard. Transparenz und Objektivierung beginnen dort zum Erfolg zu führen (Weiner, 2022).

Die Erfahrung der Autorin dieser Arbeit im eigenen Arbeitsumfeld und den geführten Gesprächen mit Leitungen von Personalabteilungen im Gesundheitswesen, zeigen in der Praxis zur Umsetzung und systematischen Nutzung von Personalkennzahlen im ganzheitlichen Ansatz ein sehr differenziertes Bild. Personalleitungen ist die Wichtigkeit von Personalkennzahlen in der Regel bewusst. Häufig werden in den Personalabteilungen auch mehr Daten erhoben. Diese finden jedoch selten Eingang in ein standardisiertes Reporting oder anderweitig Weiterverwendung. Oft sind es auch ad hoc – Anfragen, die eine zunehmende Arbeitslast der PersonalcontrollerInnen bedeutet. Dabei könnte ein Standardreporting die Arbeitslast verringern, die Datenqualität verbessern und eine Transparenz schaffen, welche bedeutenden Erkenntnisgewinn über Verbesserungsmöglichkeiten bietet.

Das externe Reporting, das über die HCR 10 abgebildet werden könnte, ist je nach Trägerschaft und Größe des Krankenhauses in der Ausprägung eher weniger von Bedeutung. Für die Berichte an z. B. Aufsichtsräte oder andere Behörden wäre es jedoch eine gute Grundlage, zumal ein Teil ebenso intern verwendet werden kann. Die Nutzung der HCR 10 wäre zumindest auch ein Ansatz für das Thema Benchmark.

Zusammenfassung und Kritik früherer Forschung

Es gibt nur wenige Studien, die sich mit dem Personalcontrolling und den Kennzahlensystemen darin beschäftigen. Sieben Studien erscheinen nennenswert, da sie einen Einblick in die Entwicklung des Personalcontrollings geben. Sie zeigen bezogen auf den Zeitabstand auf, wie wenig sich über die Jahre tatsächlich in diesem Spezialgebiet in der Praxis getan hat. Die Studien eins bis vier beziehen sich auf verschiedene Branchen und geben damit einen allgemeinen Überblick über die Lage. Die Studien fünf bis sieben zeigen die Veränderungen insbesondere in den Krankenhäusern. Ungeachtet der dynamischen Entwicklungen im Krankenhaussektor und der einhergehenden Regulierung verharren Anzahl und Rollenbild des Personalcontrollings auf dem bisherigen Niveau.

1. Studie: HR-Panel 2010: Im Juni 2010 fand eine Onlinebefragung an 1100 PersonalleiterInnen in Österreich statt. Im Rücklauf waren 10,71 % der Befragten wovon 7,4 % verwertbar waren. Die Ziele waren eine Erhebung eines Rollenbildes und des Standes des Personalcontrollings in Österreich. Die Arbeitsaufgaben umfassten damals: die quantitative Personalplanung, Personalstatistik, Personalberichtswesen, quantitative Kennzahlenermittlung und Sammlung vergangenheitsorientierter Daten. Es bestand die Erkenntnis der Notwendigkeit in die Investition des Personalcontrollings und die wachsende Bedeutung sowie eine Anpassung der Arbeitsaufgaben hin zu Steuerung, Strategie und Unterstützung der Geschäftsführungen (Covarrubias Venegas et al., 2010).

2. Studie: Personalcontrolling 2020: Im Jahr 2020 wurden 195 Unternehmen in der DACH-Region online befragt, 166 Unternehmen haben sich zurückgemeldet. Ziel war es, eine aktuelle Aussage zum Entwicklungsstand und neuen Themen des Personalcontrollings in der DACH-Region zu erhalten. Es gab drei Ausgangshypothesen, die durch die Umfrage eine Bestätigung erfahren haben (Wickel-Kirsch & Jäger, 2020):

> 1. Personalcontrolling stellt immer noch eher eine Randdisziplin der Personalarbeit dar. 2. Nur wenige Kennzahlen werden systematisch erhoben. 3. Die Frage der Effizienz und Effektivität der Personalorganisation wird im Prinzip nicht gestellt, ebenso werden keine Daten zu diesem Thema erhoben. (Wickel-Kirsch & Jäger, 2020, S. 3)

Neue Themen wie HR-Analytics oder DIN ISO Norm 30414 zum Human Capital Reporting sind nicht in der Praxis angekommen (Wickel-Kirsch & Jäger, 2020).

3. Studie: Masterarbeit über Personalkennzahlen und der praktische Nutzen für das Human Ressource Management in Großbetrieben: Auf Basis von neun ExpertInneninterviews wurden die nachfolgenden drei Forschungsfragen beantwortet:

> Forschungsfrage 1: Worin sehen Großbetriebe der Vorarlberger Industrie den Nutzen von Kennzahlensystemen in der Personalarbeit? Forschungsfrage 2: Welche Personalkennzahlen werden von den Unternehmen als besonders wertvoll erachtet und wie werden diese erhoben, interpretiert und verwertet? Forschungsfrage 3: Welchen Stellenwert wird Personalcontrolling mit Hilfe von Kennzahlen in der zukünftigen betrieblichen Praxis einnehmen? (Sandholzer, 2022, S. 8)

Im Ergebnis war das Personalcontrolling ebenfalls wieder hochgeschätzt, nahm jedoch die gleiche Rolle wie in der zuerst genannten Studie aus dem Jahr 2010 ein. Die Kennzahlen sind die klassischen Kennzahlen aus der Finanzperspektive, keine qualitativen Kennzahlen und ebenfalls keine Kennzahlen der Personalarbeit an sich. Der Stellenwert für die Zukunft wird zunehmend gesehen, insbesondere in Bezug auf den demografischen Wandel und der damit verbundenen Verknappung der Ressource Personal.

4. Studie: HR in der Crunchtime – Strategie- und Organisationsstudie: Die Studie repräsentiert die Antworten von 153 PersonalerInnen aus großen mittelständigen Unternehmen und Konzernen unterschiedlicher Branchen. Die Mehrheit der TeilnehmerInnen ist noch in der Phase eine strategische Partnerschaft zu erreichen. New Work, IT- und Digitalisierungsprojekte sowie die strategische Weiterentwicklung sind die aktuell wichtigsten Handlungsfelder. Im Reifegradmodell sind 32 % in der Phase der Stabilisierung der „operational excellence", 21 % sehen sich als Baustelle und 28 % im „business excellence" (Jochmann & Stein, 2023).

Es gibt keine vergleichbaren Studien im Kontext Krankenhaus, Personalcontrolling und Personalkennzahlen, jedoch Erhebungen der Controllingsituation in Krankenhäusern im Allgemeinen.

5. Studie: Controlling im deutschen Krankenhaussektor 2018 / 19: Neben der Beleuchtung des Sachkostencontrollings wird ein allgemeiner Einblick auf das Tätigkeitsprofil der ControllerInnen wiedergegeben. Dabei ist die Aussage, dass der Schwerpunkt die täglichen Routineaufgaben sind. Das betrifft alle Controllingbereiche, auch die Spezialgebiete. Automatisierung und Digitalisierung schreiten voran, aber das Berufsbild ändert sich nur langsam und es gibt immer noch reichlich ungenutztes Potenzial. Die Personalsteuerung in der Pflege hatte damals noch keine passenden Steuerungsinstrumente entwickelt, um die kommenden gesetzlichen Veränderungen wie Ausgliederung Pflege oder PpUG zu monitoren (Crasselt et al., 2019).

6. Studie: Controlling im deutschen Krankenhaussektor 2022 / 23: Diese Studie beleuchtet den Stand des Krankenhauscontrollings mit Fokus auf Personalausstattung, Tätigkeitsprofile und Digitalisierung des Berichtswesens sowie die Nachhaltigkeitsberichterstattung (CSRD). Insgesamt zeigen sich stabile Controlling-Kapazitäten und Rollen. Es gibt begrenzte Fortschritte im Pflegecontrolling und in der Liquiditätsplanung. In der Psychiatrie/Psychosomatik wird die Steuerung schrittweise an das Psych-Entgeltsystem angepasst (Crasselt et al., 2023).

7. Studie: Controlling im deutschen Krankenhaussektor 2022 / 23: Diesmal werden die Auswirkungen auf die aktuellen Regulierungen fokussiert (Hybrid-DRGs, PPBV) und eine stabile Personalausstattung sowie die Tätigkeitsprofile im Controlling bestätigt. Sichtbar sind außerdem Anpassungen im Berichtswesen (Umrechnung von Hybrid-DRG-Entgelten in fiktive Case-Mix-Punkte) sowie eine

noch geringe ESG / CSRD-Steuerungsnutzung (nur ca. 10 % der Häuser erheben ESG-Kennzahlen für die interne Steuerung) (Crasselt et al., 2025).

Am ehesten vergleichbar mit dieser Dissertation sind die Ergebnisse der Masterarbeit von Sandholzer (2022) mit den gewonnenen Erkenntnissen aus den Interviews der Krankenhaus-MaximalversorgerInnen. Sie zeigen eine gewisse Übereinstimmung sowohl in Fragestellung und Ergebnis auf und bestätigen damit die Ergebnisse von Sandholzer.

Anhand der sieben Studien und den Ergebnissen dieser Dissertation wird deutlich, das in der Umsetzung im Alltag für das Personalcontrolling und die Personalkennzahlen noch sehr viel zu tun bleibt. Es ist jedoch ausreichend Literatur verfügbar, so dass sehr gute theoretische Grundlagen für die praktische Umsetzung nutzbar sind.

Zusammenfassung des theoretischen Teils

Der Theorieteil gibt einen allgemeinen Überblick sowie einen aktuellen Stand der Literatur und Studien zu den Themenblöcken Organisationen, Führung, Controlling und Kennzahlen wieder. Für alle vier Themenblöcke wurde eine Verknüpfung zum Gesundheitswesen / zu Krankenhäusern geschaffen, um diese spezielle Branche extra zu beleuchten. Im Abschnitt „Controlling als Führungsaufgabe" erfolgte eine Verknüpfung zum Personalcontrolling und im Abschnitt „Kennzahlen im Unternehmensumfeld" eine Verknüpfung zu Personalkennzahlen, um in der Zusammenfassung des theoretischen Teils im Kontext dieser Arbeit zu bleiben und die erste Forschungsfrage beantworten zu können.

Aus der Recherche der Literatur wurde deutlich, dass eine Organisation ohne strukturierte normative, strategische und operative Führung nicht wachsen und gedeihen kann und dass der Stil der Menschenführung erheblich die Motivation und Kreativität der Mitarbeitenden beeinflusst. Die Führung wiederum benötigt in allen drei Ebenen Informationen, um zielgerichtet steuern zu können. Diese kommen maßgeblich aus Zahlen, Daten und Fakten, welche das Controlling sammelt, zusammenstellt, interpretiert, liefert und in der Sparringspartnerschaft mit dem Management diskutiert. Dabei macht das Controlling in diesem Kontext auch auf Risiken aufmerksam.

Damit das möglich wird, ist es essenziell, dass Kennzahlen spezifisch für die Branche und das Unternehmen identifiziert, definiert und beschrieben werden. Nur so sind sie glaubhaft, akzeptiert und finden Eingang in die Gedanken, um im weiteren Verlauf einen entsprechenden Maßnahmenkatalog für Optimierungsmaßnahmen abzuleiten. Ebenso werden sie für strategische Veränderungen bzw. Weiterentwicklungen genutzt.

In Bezug auf das Personalcontrolling ist die Entwicklung nicht auf dem Stand, auf dem diese Spezialisierung sein sollte. Die Studien zeigen auf, dass das Personalcontrolling zu operativ und zu stark finanzorientiert ist. Außerdem wird zu selten die eigentliche Personalarbeit abgebildet. Es gibt viel Literatur, wie ein Personalcontrolling mit welchen Kennzahlen aufgestellt sein sollte. Insbesondere sind hier auch die HRC 10 – Kennzahlen für die externe Berichterstattung zu nennen, die neben dem hohen Maß an Standardisierung auch die wichtigsten Felder im Personalmanagement beleuchten (Scholz & Sattelberger, 2013). Doch die wenigen Studien zeigen nur eine zaghafte Entwicklung in die gewollte Richtung.

Aus den Studien und der Literatur lässt sich die Beantwortung der ersten Forschungsfrage „Welchen Stellenwert, Fokussierung und Entwicklungsstand haben Personalkennzahlen in Organisationen?“ ableiten:

- Der Stellenwert und der Fokus liegen häufig auf finanzwirtschaftlichen Personalkennzahlen (Crasselt et al., 2019; Beck, 2021)
- Das Personalcontrolling ist häufig wenig entwickelt, was entsprechende Auswirkungen auf die Personalkennzahlen hat (Wickel-Kirsch, 2018; Wickel-Kirsch & Jäger, 2020; Busse et al., 2022)
- Das Personalcontrolling ist zu operativ, was Auswirkungen auf die strategischen Personalkennzahlen hat (Busse et al., 2022)
- Insbesondere der Klinikbetrieb reagiert häufig in der Anpassung der Kennzahlen nur auf eine geänderte gesetzliche Lage (Nemmer & Schuster, 2022; Weiner, 2022)

Die Studienlage hat auch aufgezeigt, dass sich die meisten Personalleitungen der Situation bewusst sind und zumindest planen, in näherer Zukunft eine Verbesserung herbeizuführen. Eine jüngere Studie von Sandholzer (2022) ermittelte in ExpertInneninterviews in Großbetrieben des Vorarlbergs (Österreich), dass die interviewten Personen den Mehrwert von Personalkennzahlen inzwischen erkannt haben und Projekte zur Etablierung eines Personalcontrollings und entsprechenden Kennzahlen initiiert haben. Dabei wird gesehen, dass die klassischen Personalkennzahlen weiter bestand haben, jedoch um neue Kennzahlen erweitert werden müssen (Sandholzer, 2022).

Im Kontext von Gesundheitswesen und Krankenhaus und dem Bezug zu dieser Arbeit stellt sich die Situation nicht viel anders dar. Die DVKC e. V. – Management und Controlling in der Gesundheitswirtschaft erhebt regelmäßig

Studien zur Situation des Controllings im Gesundheitswesen. Die Erhebung aus dem Jahr 2018 bis 2019 und zeigt den Zustand des Controllings insbesondere für den Sachkostenbereich und für das Personalcontrolling in der Pflege auf. Beides steht im Zusammenhang der finanzwirtschaftlichen Entwicklung des operativen Geschäftes von DRG-Sachkostenabwertungen und der damals anstehenden Einführung der Pflegepersonaluntergrenzen und den damit verbundenen möglichen Vergütungsabschlägen (Crasselt et al., 2019). Die Erhebung 2022 / 23 beschreibt den Stand des Krankenhauscontrollings mit Fokus auf Personalausstattung, Tätigkeitsprofile und Digitalisierung des Berichtswesens sowie die Nachhaltigkeitsberichterstattung (CSRD). Insgesamt zeigen sich stabile Controlling-Kapazitäten und Rollen, begrenzte Fortschritte im Pflegecontrolling und in der Liquiditätsplanung; Psychiatrie/Psychosomatik passen ihre Steuerung schrittweise an das Psych-Entgeltsystem an (Crasselt et al., 2023).

Die Erhebung 2024 / 25 fokussiert die Auswirkungen aktueller Regulierung (Hybrid-DRGs, PPBV) und bestätigt eine stabile Personalausstattung und Tätigkeitsprofile im Controlling. Sichtbar sind Anpassungen im Berichtswesen (Umrechnung von Hybrid-DRG-Entgelten in fiktive Case-Mix-Punkte) sowie eine noch geringe ESG / CSRD-Steuerungsnutzung (nur ca. 10 % der Häuser erheben ESG-Kennzahlen für die interne Steuerung) (Crasselt et al., 2025).

Neben dem betriebswirtschaftlichen Controlling sind die Spezialgebiete Medizincontrolling und Personalcontrolling im Krankenhausumfeld von besonderer Bedeutung. Das Medizincontrolling bildete sich mit Einführung des DRG-Systems heraus. Die Aufgaben von MedizincontrollerInnen sind ähnlich wie bei den ControllerInnen abhängig von den anzutreffenden Strukturen innerhalb des Krankenhauses. Sie können einfach sein, von einer Fallbearbeitung, und bis hin zu Budgetverhandlungen oder Sozialgerichtsverhandlungsvorbereitungen reichen (Drozdzynski, 2020). Auch hier ist die Ausrichtung eher operativ als strategisch. Eine Einbindung des Medizincontrollings in das strategische Management wäre besonders im Zusammenhang des Portfolios, der Marktentwicklung und der damit verbundenen Medizinstrategie sinnvoll (Drozdzynski, 2020).

Das Personalcontrolling ist in einem Krankenhaus ein wichtiger Partner, da ein Krankenhaus als Dienstleister einen großen Personalbestand vorhalten muss und dabei jederzeit über die wichtigste Ressource im Unternehmen informiert sein sollte. Nur in Ausnahmenfällen ist das Personalcontrolling in Krankenhäusern vollständig automatisiert. Manuelle Listen etc. kommen für den Erkenntnisgewinn zum Einsatz, mit erheblichem Aufwand und einer ständigen Gefahr von Übertragungs- bzw. Berechnungsfehlern. Die Weiterentwicklung des Personalcontrollings sowie die regelmäßige Erstellung von Kennzahlen sind häufig nur durch geänderte gesetzliche Grundlagen wie z. B. der Pflegepersonaluntergrenzen getriggert (Nemmer & Schuster, 2022).Im Umkehrschluss bedeutet das, dass es dann auch dabeibleibt und nur die dafür notwendigen Kennzahlen erstellt werden, jedoch die Wichtigkeit von Personalkennzahlen nicht ganzheitlich weiterverfolgt wird. Die Kombination aus Leistungsdaten und Personalkennzahlen im tieferen Sinne kann jedoch auch Prozessschwächen aufdecken und grundsätzlich zu Verbesserungen im Klinikablauf führen (Hantl-Merget et al., 2021).

Methodik 4

Kapitel 4 beschreibt den ersten empirischen Teil dieser Dissertation. Dabei werden die Forschungsfragen aufgelistet und das Forschungsdesign erläutert. Es werden die Grundgesamtheit und die Stichprobenstrategie vorgestellt. Weiterhin wird auf die Untersuchungsmethode und deren Validierung eingegangen. Datenerfassung und Auswertung stehen anschließend an. Das Kapitel endet mit einer Zusammenfassung.

Forschungsfragen

In dieser Dissertation wurde der aktuelle Stand von Theorie und Praxis zum Umgang mit Personalkennzahlen insbesondere im Gesundheitswesen untersucht. Drei Forschungsfragen standen dabei im Fokus:

1. Welchen Stellenwert, Fokussierung und Entwicklungsstand haben Personalkennzahlen in Organisationen?

Das Ziel dieser Frage ist es, ein theoretisches Verständnis darüber zu entwickeln, welche Bedeutung Personalkennzahlen im Kontext moderner Organisationen haben, worauf sich ihre Anwendung fokussiert und wie weit deren konzeptionelle und praktische Entwicklung fortgeschritten ist. Dabei wird das jeweilige Thema

Ergänzende Information Die elektronische Version dieses Kapitels enthält Zusatzmaterial, auf das über folgenden Link zugegriffen werden kann https://doi.org/10.1007/978-3-658-51104-3_4.

B. Wark, *Kennzahlen als Steuerungsinstrument des Personalcontrollings*,
https://doi.org/10.1007/978-3-658-51104-3_4

zuerst allgemein untersucht und dann Bezug auf die Besonderheiten des Gesundheitswesens bzw. zu Krankenhäusern hergestellt. Dies schafft eine Grundlage für die anschließende empirische Untersuchung.

2. Wie ist die Situation speziell an deutschen Krankenhäusern der Maximalversorgung in öffentlicher Trägerschaft?

Diese Frage zielt darauf ab, den Status quo im Umgang mit Personalkennzahlen in einer spezifischen Organisationseinheit – nämlich in öffentlichen Maximalversorgungskrankenhäusern – zu erheben. Sie dient der empirischen Verortung und Identifikation struktureller sowie prozessualer Besonderheiten in diesem Segment.

3. Welche Handlungsempfehlungen können für die Personalleitungen / das Personalcontrolling und die oberste Führung für die MaximalversorgerInnen in öffentlicher Trägerschaft aus den Ergebnissen abgeleitet werden?

Ziel dieser Frage ist es, auf Basis theoretischer Grundlagen und empirischer Erkenntnisse praxisrelevante Handlungsempfehlungen zu formulieren, die zur Verbesserung des Einsatzes von Personalkennzahlen in öffentlichen Maximalversorgern beitragen können.

Zusätzlich wurde geprüft, ob es eine differenzierte Wahrnehmung zum Thema Personalcontrolling und Personalkennzahlen bei den obersten Leitungen und den Personalleitungen / dem Personalcontrolling gibt. Dies erfolgt über eine Likert-Skala bei ausgewählten Fragen aus dem gleichen Fragebogen. Das Ziel besteht darin, potenzielle Wahrnehmungsunterschiede zwischen der obersten Leitungsebene und den verantwortlichen Bereichen für Personal (Personalleitungen bzw. Personalcontrolling) im Hinblick auf die Relevanz, Nutzung und Einbindung von Personalcontrolling und Personalkennzahlen systematisch zu identifizieren. Durch die Verwendung einer Likert-Skala in ausgewählten, identischen Fragestellungen sollen Unterschiede in der Einschätzung transparent gemacht und etwaige Divergenzen in strategischer oder operativer Sichtweise aufgedeckt werden.

Forschungsdesigns

Forschungsstrategie

Personalkennzahlen haben eine besondere Bedeutung und Wichtigkeit, um einen schnellen und zuverlässigen Überblick über die aktuelle Personalsituation im gesamten Unternehmen zu erhalten. Bei Betrachtung eines Krankenhauses, dass als Non-Profit-Organisation und Dienstleister einen sehr hohen Bestand an Personal aufweist, unterstreicht sich die Wichtigkeit der Arbeit mit diesen Kennzahlen besonders. Einige Praxiserfahrungen zeigen, dass sowohl das Personalcontrolling als auch deren Kennzahlen unterrepräsentiert sind bzw. nur finanzwirtschaftlichen Bezug haben. Daraus ergibt sich der Untersuchungsansatz dieser Arbeit und aus der Problemstellung heraus wurden drei Forschungsfragen abgeleitet.

Um die erste Forschungsfrage zu beantworten, erfolgte eine intensive Literatur- und Internetrecherche über Aspekte des Gesundheitswesens in Deutschland sowie in diesem Kontext eine erweiterte Untersuchung von Organisation, Führung, Controlling und Kennzahlen.

Zur Beantwortung der zweiten und dritten Forschungsfrage wurden zehn ExpertInneninterviews mit einer Gesamtdauer von 8 Stunden und 34 Minuten durchgeführt, im Durchschnitt war die Interviewdauer 51 Minuten lag. Die Aufnahmezeit war geringer, da das Gespräch vor- und nachbereitet wurde. Das geschah in Form von:

- der Beschreibung der Inhalte der Studie,
- dem Ablauf des Interviews,
- Informationen zum Datenschutz sowie
- Begrüßungs-, Dankes- und Abschiedsfloskeln, allgemeiner Austausch zu verschiedenen Arbeitsprozessen der Kliniken.

Als ExpertInnen wurden im Kontext Organisation, Führung, Controlling und Kennzahlen im Krankenhaus die obersten Leitungen sowie die Personalleitungen / das Personalcontrolling identifiziert. Zum einem, weil die obersten Leitungen die NutzerInnen der Kennzahlen sind und die Personalleitungen / das Personalcontrolling sowohl ErstellerInnen als auch NutzerInnen. Beide Gruppen gemeinsam sollten in Sparingspartnerschaft in den Themen Organisation, Führung, Controlling und Kennzahlen agieren.

Die Auswahl der InterviewpartnerInnen ist im Abschnitt „Sampling." detailliert begründet und beschrieben. Als Erhebungsinstrument wurde ein Interviewleitfaden eingesetzt. Die Transkription und Auswertung erfolgte mit der

MAXQDA 2022 – Software, unterstützt durch Excel und Word von Microsoft. Das Aufbereitungsverfahren wurde anhand eines methodischen Vorgehens im Rahmen einer schrittweisen Analyse mit der zusammenfassenden qualitativen Inhaltsanalyse nach Mayring umgesetzt (Mayring, 2023).

Der Interviewleitfaden enthielt neben den offenen Fragen bei ausgewählten Themenbereichen im Anschluss eine standardisierte Bewertung mittels einer vierstufigen Likert-Skala. Diese methodische Ergänzung diente der besseren Vergleichbarkeit und der Messbarmachung subjektiver Einschätzungen, wodurch eine differenziertere Auswertung über verschiedene Befragtengruppen hinweg ermöglicht wurde.

Kapitel 6: Schlussfolgerungen und Empfehlungen bündelt die wesentlichen Erkenntnisse aus dem Theorieteil, die Ergebnisse der empirischen Untersuchung sowie zentrale Kontextfaktoren des deutschen Gesundheitswesens und führt sie zu einer abschließenden Gesamtbewertung zusammen. Der Arbeitsablauf in vier Phasen mit den jeweiligen einzelnen Arbeitsschritten ist der grafischen Abbildung 4.1 zu entnehmen.

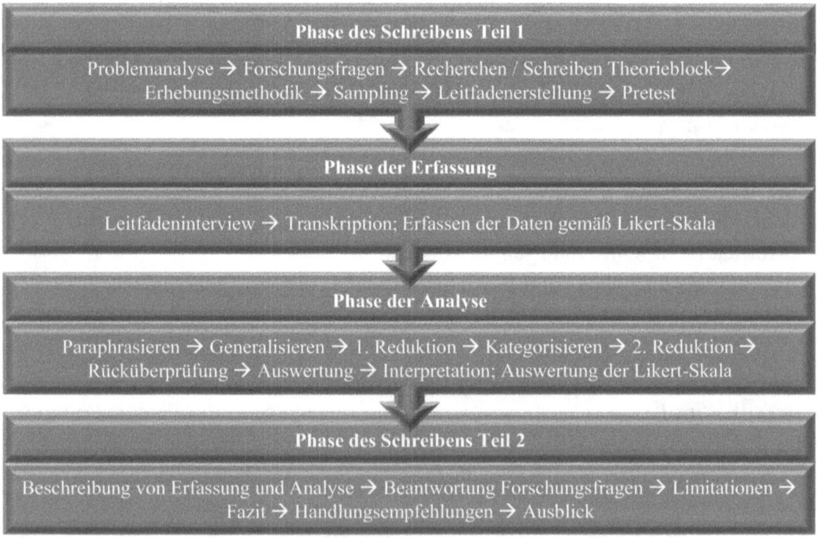

Abbildung 4.1 Arbeitsablauf in Einzelschritten. (Eigene Darstellung)

Erhebungsmethodik

Im empirischen Forschungsprozess ist die Frage der passenden Forschungsmethodik entscheidend für den Verlauf und die weitere Vorgehensweise. Dabei sind Forschungsgegenstand und Forschungsziel die Treiber für die jeweilige Methode.

Für die empirische Sozialforschung eignen sich quantitative und die qualitative Forschungsansätze. Auch eine Kombination von beidem ist möglich, je nach Forschungsfrage und Vertiefungsgrad. Quantitativ wird geforscht, wenn z. B. große Stichproben möglich sind, ebenso wie ein hohes Maß an Standardisierung. Subjektive Einflüsse werden minimiert, um objektive Ergebnisse zu erhalten. Qualitative Forschung hingegen ermöglicht ein offeneres und flexibles Vorgehen. Dabei geht es insbesondere um das Beschreiben, Interpretieren und Verstehen von komplexen Situationen und / oder Zusammenhängen. Kleine Stichproben beschreiben ein individuelles Handeln und Vorgehen (Berger-Grabner, 2022). Abbildung 4.2 stellt die Vor- und Nachteile der qualitativen und quantitativen Forschungsmethode gegenüber.

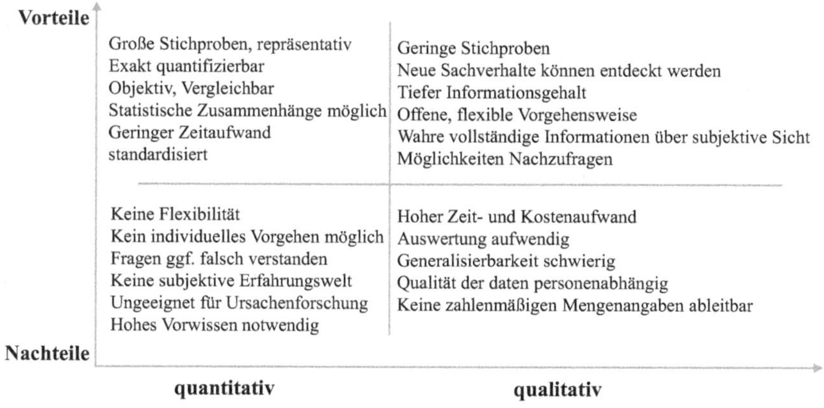

Abbildung 4.2 Vor- und Nachteile quantitativer und qualitativer Forschungsmethoden. (Eigene Darstellung in Anlehnung an Berger-Grabner, 2022, S. 128)

Studien, wie z. B. die „Krankenhaus-Controlling-Studien" (Crasselt et al., 2019; Crasselt et al., 2023; Crasselt et al., 2025) oder „Der Einfluss von IoT-, Big-Data- und Mobile-Health-Lösungen auf die Wertschöpfung in Krankenhäusern: Gap-Analyse und Handlungsempfehlungen" (Neft et al., 2020), zeigen sehr schlechte Rücklaufquoten aus Krankenhäusern. Zusätzlich ist die Grundgesamtheit an Häusern der Maximalversorgung nicht sehr hoch. Im Jahr 2021 waren es 91 Kliniken in Deutschland (Statistisches Bundesamt, 2023c), die unter den Begriff MaximalversorgerIn fielen. Um in der empirischen Untersuchung verwertbare, zuverlässige Informationen im ausreichendenden Umfang zu erhalten, fiel die Entscheidung auf den qualitativen Forschungsansatz. In der qualitativen Forschung sind die nachfolgenden Erhebungsverfahren am häufigsten vertreten:

- Artefaktanalyse
- Beobachtungsanalyse
- Fallstudienanalyse
- Qualitatives Interview
- Textanalyse (Berger-Grabner, 2022)

Die Artefaktanalyse beschäftigt sich mit Grundfragen, warum und wie Gegenstände von wem und mit welchen Folgen für die Menschen und ihr Zusammenleben hergestellt wurden. Sie untersucht die Bedeutung von alltäglichen Handlungsweisen sowie für die Konstitution unserer Umwelt (Lueger, 2018). Die Beobachtungsanalyse wird oft als zusätzliches Verfahren bei Interviews eingesetzt. Es ist ein unstrukturiertes offenes, zwar aktiv teilnehmendes, aber nicht intervenierendes Verfahren. In der Fallstudienanalyse werden, basierend auf Fallbeispielen, bestimmte Problemstellungen und Forschungsfragen betrachtet. Diese Methode kommt zur Anwendung bei zeitlichen und finanziell begrenzten Ressourcen (Berger-Grabner, 2022). Die genannten drei Erhebungsmethoden kamen nicht zum Einsatz, da es sich um ein ExpertInnenthema handelt, in welchem das Interview bezogen auf die jeweilige Klinik den größten Erkenntnisgewinn einbringen sollte.

Das qualitative Interview wird unterschieden in:

- Problemzentriertes Interview
- Ethnografisches Interview
- Narratives Interview
- Leitfadeninterview
- Gruppendiskussion

Das Leitfadeninterview ist aus diesen fünf Möglichkeiten die geeignetste Interviewform, um ein ExpertInnenthema zu behandeln. Die Fragen können im Vorfeld aus der theoretischen Recherche substanziell entwickelt werden. Die

Interviewform ermöglicht trotzdem noch, situativ die Fragestellungen zu erweitern und damit erweiterte Aspekte aus dem Interview mitzunehmen. Deshalb wurde für die Arbeit das Leitfadeninterview angewendet. Tabelle 4.1 skizziert die besonderen Merkmale der jeweiligen qualitativen Interviewform.

Tabelle 4.1 Merkmale der qualitativen Interviewformen. (Eigene Darstellung in Anlehnung an Mayring, 2023; Berger-Grabner, 2022, S. 147–153)

Interviewform	Merkmale
narrativ	Geringe Standardisierung, kaum strukturiert, kein Leitfaden, freies Erzählen
ethnografisch	Sehr offen, kaum strukturiert, Leifragen oder Themenblöcke als Orientierung, aktives Zuhören
problemzentriert	Stärker strukturiert da Leitfadengestützt, problemorientiertes Sinnverstehen
Leitfadeninterview	Halbstrukturiert, Leitfadengestützt, Leitfaden auf Basis der theoretische Voranalyse erstellt, dadurch leichtere Vergleichbarkeit der Interviews
Gruppendiskussion	= Fokusgruppe, mehrstündige Diskussion unter geschulter Moderation, kann allein oder als zusätzliche Erhebungsmethode genutzt werden

Um die durchgeführten Interviews auf Basis des Leitfadens auswerten zu können, wurde eine Textanalyse vorgenommen. Textanalysen können händisch oder mittels Computerunterstützung erfolgen. Heutzutage werden häufig die computerunterstützenden Textanalysen mit MAXQDA, NVivo und Atlas/ti genutzt (Berger-Grabner, 2022). Auf die angewandte Textanalyse der zusammenfassenden Inhaltsanalyse nach Mayring wird in Abschnitt Daten-Analysen – Methode im Detail eingegangen.

Ergänzend wurde im Interviewleitfaden ein Bemessungsinstrument aus der quantitativen Forschung angewendet. Zunächst wurde dabei die Kodierstrategie festgelegt. In der quantitativen Forschung spricht man von Kodierstrategien, wenn es darum geht, Daten so zu strukturieren, dass sie für die Analyse verwendbar sind. Im Gegensatz zur qualitativen Forschung, wo die Kodierung oft darauf abzielt, Muster und Themen aus unstrukturierten Daten zu finden, geht es hier vor allem darum, numerische Daten zu kategorisieren, um sie statistisch auswerten zu können (Field, 2013).

Gängige Kodierstrategien in der quantitativen Forschung sind z. B.:

- Variable Kodierung: Dabei werden numerische Werte bestimmten Variablen zugeordnet, um sie leichter analysieren zu können. Ein Beispiel wäre, Umfrageantworten wie „Ja" oder „Nein" als 1 und 0 zu kodieren (Creswell & Creswell, 2017).
- Skalen-Kodierung: Bei Skalen wie Likert-Skalen (z. B. 1 = „stimme überhaupt nicht zu" bis 5 = „stimme voll zu") werden die verschiedenen Antwortmöglichkeiten in Zahlen umgewandelt, die dann für statistische Auswertungen genutzt werden können (Field, 2013).
- Dummy-Kodierung: Hier werden kategoriale Variablen in binäre Variablen (0/1) umgewandelt, was vor allem bei nominalen oder ordinalen Skalen hilfreich ist. So lassen sich die Daten in Regressionsmodellen oder anderen statistischen Verfahren verwenden (Brennan & Prediger, 1981).
- Frequenzzählung: Bei Umfragen oder Experimenten mit numerischen Kategorien ist es oft hilfreich, die Häufigkeit bestimmter Antworten oder Merkmale zu kodieren, um Verteilungen und Trends besser zu verstehen (American Psychological Association, 2019).

Die Wahl der Kodierstrategie hängt immer von den konkreten Daten und der Art der geplanten Analyse ab (UCLA Institute for Digital Research and Education, 2020).

Im Interviewablauf wurde ein Teil der Fragen nach Beantwortung der Frage zusätzlich mit einer Bewertung gemäß einer Likert-Skala vorgenommen. Die Wahl einer Likert-Skala in einer wissenschaftlichen Studie – insbesondere im Kontext von Interviews oder Fragebögen – lässt sich durch mehrere methodische, analytische und praktische Vorteile begründen. Das Ziel war, subjektive Einschätzungen strukturiert und vergleichbar zu erfassen. Während offene Fragen qualitative Tiefeninformationen liefern, ermöglicht die Likert-Skala eine standardisierte Bewertung, durch die individuelle Meinungen, Einstellungen oder Bewertungen zu spezifischen Aussagen quantifizierbar gemacht werden können (Bortz & Döring, 2016). Likert-Skalen eignen sich besonders, wenn es darum geht, Graduierungen von Zustimmung, Wichtigkeit, Häufigkeit oder Zufriedenheit auszudrücken. Sie sind intuitiv verständlich, einfach anzuwenden und erlauben eine differenzierte Darstellung der Antwortverteilung über mehrere Antwortkategorien hinweg (z. B. von „stimme überhaupt nicht zu" bis „stimme voll und ganz zu"). Dies trägt zur Erhöhung der Reliabilität und Vergleichbarkeit bei, sowohl innerhalb einer Befragtengruppe als auch zwischen unterschiedlichen Gruppen (Porst, 2014).

Grundgesamtheit und Stichprobenstrategie

Sampling

Die Stichprobenplanung ist ein wesentliches Element bei einer Erhebung mittels Fragebogen. Dabei ist abzuklären:

- Wie sich die Grundgesamtheit zusammensetzt
- Ob es eine Totalerhebung oder Stichprobenerhebung sein soll
- Wie groß der Stichprobenumfang sein muss (Berger-Grabner, 2022)

Die Grundgesamtheit sind die Kliniken der Maximalversorgung in öffentlicher Trägerschaft. Von denen im Jahr 2021 erfassten 91 MaximalversorgerInnen sind 51 Kliniken nicht privatisiert. Wobei in einigen Bundesländern die Bettenzahl der MaximalversorgerInnen unter 800 Betten liegt, es sich jedoch um Universitätskliniken handelt, wie z. B. das Universitätsklinikum Ruppin-Brandenburg (Statistisches Bundesamt, 2023c).

Eine Totalerhebung kam aufgrund von Menge und Freiwilligkeit nicht in Betracht. Deshalb wurde sich für die Stichprobe, als eine Auswahl aus der Grundgesamtheit, entschieden. Eine Stichprobe kann per Zufall oder willkürlich und bewusst aus der Grundgesamtheit ausgewählt werden (Berger-Grabner, 2022). Die Zufallsstichprobe wurde nicht angewendet, da die Experten, die interviewt werden sollten, generell wenig bis gar nicht auf Fremdansprachen per E-Mail oder Telefon reagieren. In der Regel scheitert die mündliche Ansprache am jeweiligen Vorzimmer und E-Mails werden wegen der aufkommenden Menge ignoriert. Deshalb wurde die Stichprobe willkürlich und bewusst ausgesucht. Begonnen wurde mit Kontakten aus dem nahen beruflichen Umfeld, zu denen bereits eine Vernetzung bestand. Im Rahmen der Beschreibung der Studie bzw. im Rahmen des Interviews wurde für eine Weiterempfehlung geworben, die in Form einer Mund-zu-Mund-Propaganda neue Kontakte und daraus folgend InteressentInnen brachte, bis die gewünschte Zielgröße der Stichprobenmenge komplett war.

Folgende Einschlusskriterien wurden festgelegt:

- Die Klinik ist ein Haus der Maximalversorgung bzw. eine Universitätsklinik.
- Die zu interviewende Person ist in der Position Vorstand oder Geschäftsführung in dieser Klinik
- oder in der Position der Personalleitung / des Personalcontrollings in dieser Klinik.

Sowohl die oberste Leitung als auch die Personalleitung / das Personalcontrolling sind als ExpertInnen zur Thematik der Arbeit zu sehen, da sie für die strategische Ausrichtung, die Steuerung und Bereitstellung des Personalcontrollings und die Festlegung und Anwendung der Kennzahlen zuständig bzw. verantwortlich sind.

Der Umfang der Stichprobe wurde vorher nicht festgelegt, sondern eine zu erreichende Zielgröße von fünf Kliniken definiert. Dabei sollten zehn Personen interviewt werden, jeweils in einem Interview mit der obersten Leitung und einem Interview mit der Personalleitung / dem Personalcontrolling.

- Es wurden 8 Kliniken angesprochen, jeweils die oberste Leitung und die Personalleitung / das Personalcontrolling.
- Davon hat eine Person der obersten Leitung abgelehnt, deshalb Ausschluss der Klinik.
- Davon hat eine Klinik mit beiden AnsprechpartnerInnen nicht reagiert.
- Die Rückmeldequote in Bezug auf die 16 Anfragen lag damit bei 87,5 %.
- Das ergibt insgesamt vier Stichprobenausfälle.
- Sechs Personen der obersten Leitungen haben angenommen, sechs der Personalleitungen / des Personalcontrollings haben angenommen.
- Eingeschlossen werden konnten somit 12 der angefragten Personen, das entspricht 75 % der angefragten Personen.

Nach acht Interviews aus dem Stichprobenumfang war eine Sättigung erreicht, die Ergebnisse ähnelten sich. Es wurde jedoch weiter interviewt, um die zu erreichende Zielgröße der fünf Kliniken zu vervollständigen. Die empirischen Forschungsfragen konnten mit den zehn durchgeführten Interviews beantwortet werden.

Diese Dissertation verfolgte maßgeblich eine qualitative Forschungsmethode. Eine quantitative Forschungsmethode kam nicht in Frage, da nur eine geringe Stichprobe möglich war, neue Sachverhalte im Raum standen und ein tiefergehender Informationsgehalt erwünscht war. Im Interviewablauf wurde ein Teil der Fragen nach Beantwortung der Frage zusätzlich mit einer Bewertung gemäß einer Likert-Skala vorgenommen. Dies diente zur Unterstützung der Messbarmachung der jeweiligen Fragestellung.

Eine Likert-Skala ist eine psychometrische Skala, die als Ratingskala den Grad einer Zustimmung einschätzt (Döring, 2022). Die befragte Person ist dabei in der Lage, die eigene subjektive Wahrnehmung besser einzuschätzen und zu messen (Berger-Grabner, 2022). Die Likert-Skala wird als quantitative Erhebungsmethode genutzt. In diesem Rahmen sollten einzelne Frage mit Hilfe der Unterteilung in „trifft zu (1), trifft eher zu (2), trifft eher nicht zu (3), trifft nicht zu (4)“

noch einmal reflektiert werden. Zusätzlich wird die Frage messbar und die Aussagekraft über alle interviewten Personen, durch Ausgabe eines Mittelwertes als Zahl dargestellt, unterstrichen. Um diese Informationen zu dokumentieren, wurde ein Notizskript erstellt, welches die Verschriftlichung der vier Kategorien der Likert-Skala sowie zusätzliche Notizen oder Anmerkungen ermöglichte.

Vorgehensweise

Auf der Basis des Forschungsgegenstandes und in Bezug auf die empirische Erhebungsmethode wurden die möglichen InterviewpartnerInnen identifiziert. Im vorherigen Abschnitt „Sampling." ist die Vorgehensweise der Auswahl im Detail beschrieben. Der Ablauf vom Sampling bis zur Interviewdurchführung ist in der Abbildung 4.3 prozessual dargestellt.

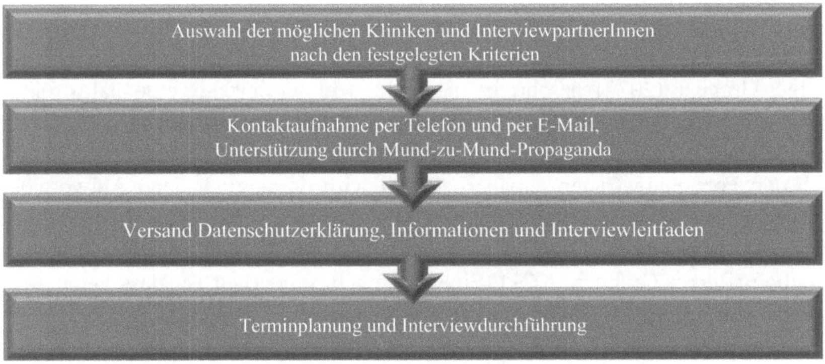

Abbildung 4.3 Prozess vom Sampling bis zur Interviewdurchführung. (Eigene Darstellung)

Wegen der schwierigen Kontaktaufnahme im direkten Verfahren wurde die Stichprobe willkürlich und bewusst ausgesucht. Begonnen wurde mit Kontakten aus dem nahen beruflichen Umfeld, zu denen bereits eine Vernetzung bestand. Im Rahmen der Beschreibung der Studie bzw. im Rahmen des Interviews wurde für eine Weiterempfehlung geworben, die in Form einer Mund-zu-Mund-Propaganda neue Kontakte und daraus folgend InteressentInnen brachte, bis die gewünschte Zielgröße der Stichprobenmenge komplett war. Die Kontaktaufnahme erfolgte sowohl mündlich aus einem Gespräch heraus, schriftlich per E-Mail oder telefonisch. Dabei waren die Erstkontakte immer positiv. Es gab auch Kontaktaufnahmen, auf die keine Reaktion oder Rückmeldung erfolgte. Nach positiver Rückmeldung wurde eine Kurzbeschreibung des Ablaufes, die Datenschutzerklärung und der Fragebogen versendet. Dann erfolgte die Terminabsprache über Outlook und bei Online-Interviews der Versand des Einwahllinks.

Der Fragebogen wurde ab der vierten Klinik nicht mehr vorab versendet. Dafür wurden die Vorabinformation genauer ausgeführt. Hintergrund dafür waren Absagen aufgrund des Fragebogens, weil die Erkenntnis reifte, sich über die eigene Klinik zum Thema nicht äußern zu wollen. Auch die Versicherung, dass die Inhalte des Interviews in der Arbeit keinen Bezug zur Klinik oder interviewten Person zulassen, konnte die Absagenden nicht umstimmen. Nachdem die Vorabinformationen ohne Fragebogen versandt wurden, gab es keine weiteren Absagen.

Untersuchungsmethode – Interviewleitfaden

Für die Durchführung des Interviews wurde im Vorfeld ein Leitfaden erstellt. Berger-Grabner (2022) beschreibt das Leitfadeninterview als eine halbstrukturierte Variante eines Interviews mit dem Zweck einer Erhebung von Daten mittels einer verschriftlichten Richtschnur, die sich über die Fragestruktur inhaltlich den Forschungsfragen annähert. Damit wird es möglich, jede Antwort der interviewten Personen gegenüberzustellen und auszuwerten. Die Fragestellungen sind dabei überwiegend offen gestellt und Nachfragen sind grundsätzlich möglich (Berger-Grabner, 2022). Eine weitere Besonderheit ist, dass keine Antworten vorgegeben sind. Die interviewte Person kann frei antworten und auch den Gedanken freien Lauf lassen. Dadurch ist diese Interviewform auch besonders für ExpertInneninterviews bzw. besondere Problemlagen geeignet (Döring, 2022).

Die Entwicklung des Leitfadens erfolgte zentriert auf die Forschungsfrage 2 unter Beachtung der Aufgabenstellung zur Forschungsfrage 3. Dazu wurden ca. 60 Fragen gesammelt. Die Quellen waren Survey Monkey, bisherige Studien und Überlegungen aus dem Kapitel 3: Literaturrecherche („Stand der Forschung") – Theoretische Grundlagen. Als Kernthemen für die Auswahl wurden die Oberbegriffe Kennzahlen, Controlling und Strategie ausgesucht. Insgesamt besteht der Interviewleitfaden aus 41 Fragen. Die Einteilung erfolgte nach dem Leitfadenkopf in fünf Cluster, die jeweils zwischen sechs bis zehn Fragen beinhalten:

- Einstiegsfragen
- Kennzahlen im Allgemeinen
- Personalcontrolling
- Personalkennzahlen
- Strategien und Personalkennzahlen

Es wurden überwiegend offene Fragen erstellt. Die geschlossenen Fragen konnten im Fall der Verneinung mit zusätzlichen Gegenfragen erweitert werden. Sie waren so notwendig, um zielgerichtet bestimmte Informationen zu erhalten, die eine offene Frage ggf. nicht mitgeliefert hätte. Zusätzlich wurden 17 Fragen mit der Bewertung einer Likert-Skala unterlegt. Weiteres Detail bzgl. Likert-Skala sind dem Abschnitt „Erhebungsmethodik." entnehmbar. Im Anhang C im elektronischen Zusatzmaterial ist der komplette Interviewleitfaden einsehbar.

Um Fehlerquellen sowie durch unverständliche Fragestellungen entstehende Antwortverfälschungen zu vermeiden, ist ein Pretest des Interviewleitfadens unabdingbar. Der Pretest reduziert außerdem Interviewabbrüche und fördert einen konsequenten Strukturierungsgrad der Fragen untereinander (Döring, 2022). Der Fragebogen wird an wenigen Personen getestet. Dabei werden Änderungserfordernisse ermittelt und der geplante Zeitablauf verifiziert (Berger-Grabner, 2022).

Validierung der Untersuchungsmethode – Pretest und Gütekriterien

Der Pretest erfolgte an zwei PersonalcontrollerInnen aus dem privaten und beruflichen Umfeld der Autorin dieser Dissertation. Die eine Person hatte keinen Klinikbezug, so das einzelne Fragen auf deren Unternehmen leicht angepasst wurden. Der Leitfaden konnte bei beiden Personen ohne Abstriche abgearbeitet werden. Die Interviewzeit lag etwa bei 40 Minuten pro Interview inklusive Vor- und Nachbereitung. Da in einem Interview immer die Möglichkeit einer weiterführenden Erklärung einer Frage besteht, gab es keine Notwendigkeit weiter vorzutesten. Das grundsätzliche Ziel des Pretests war erreicht.

Auch im weiteren Verlauf der Studie musste der Fragebogen nicht weiter angepasst oder verändert werden. Gelegentliche Verständnisfragen konnten mit einer kurzen Erklärung, ausreichend für die dann folgende Antwort, präzisiert werden.

Zur Beurteilung des Forschungsprozesses sind Gütekriterien für die Qualität der Forschungsarbeit beschreibend. Es wird damit sichergestellt, dass der Forschungsprozess beurteilbar wird, das sowohl nach intern als auch nach extern wie z. B. die Öffentlichkeit (Berger-Grabner, 2022).

Grundsätzlich gibt es für das qualitative als auch das quantitative Forschungsdesign vier Kriterien der wissenschaftlichen Qualität, die darüber entscheiden, ob eine Untersuchung einen guten, durchschnittlichen oder mangelhaften Wert mit sich bringen. Beurteilt werden:

- Inhaltliche Relevanz
- Methodische Strenge
- Ethische Strenge
- Präsentationsqualität (Döring, 2022)

Die Gütequalität selbst unterscheidet sich dann je nach Forschungsdesign.

Mayring (2023) beschreibt sechs allgemeine Gütekriterien der qualitativen Forschung, wobei nicht alle bei jeder Forschungsarbeit zur Anwendung kommen müssen, je nach Vorgehensweise (Mayring, 2023):

- Verfahrungsdokumentation: Die ausführliche Beschreibung ist in den Abschnitten „Forschungsstrategie." zu finden.
- Argumentative Interpretationsabsicherung: Das Vorverständnis wurde in Kapitel 3: Literaturrecherche („Stand der Forschung") – Theoretische Grundlagen geschaffen, über die Schaffung der theoretischen Grundlagen zum allgemeinen Verständnis und zur Beantwortung der ersten Forschungsfrage. Das Theoriekapitel dient der Untermauerung der Argumente, wo das Personalcontrolling mit seinen Kennzahlensystemen heute steht bzw. es heute im engeren Sinne besser stehen sollte.
- Regelgeleitetheit: Der gesamte Ablauf muss systematisch, anhand von festgelegten Prozessabläufen erfolgen. Die Abschnitte „Forschungsdesign", „Forschungsstrategie. „Erhebungsmethodik." sowie „Sampling." beschreiben die einzelnen Abläufe im Detail verbal und mittels Prozessdarstellungen.
- Nähe zum Gegenstand: Die interviewten Personen wurden in ihrem natürlichen beruflichen Umfeld kontaktiert und besucht, um eine ungezwungene und gewohnte Atmosphäre sicherzustellen. Ein entspanntes und aufgelockertes Gespräch war das Ziel und konnte auch erreicht werden.

- Kommunikative Validierung: Unklare oder zweideutige Aussagen wurden direkt im Gespräch hinterfragt. Eine weitere Validierung einzelner Informationen war nicht notwendig, weil aus den Aussagen die entsprechenden Schlüsse gezogen werden konnten.
- Triangulation: wurde in dieser Studie nicht angewendet. (Mayring, 2023)

Somit sind fünf der sechs allgemeinen Gütekriterien einer qualitativen Forschungsarbeit eingehalten bzw. erfüllt, um die Qualität der Studie sicherzustellen.

Die quantitative Forschung ist anderen Gütekriterien unterworfen – der Objektivität, der Reliabilität und der Validität (Berger-Grabner, 2022).

- Die Objektivität beschreibt, inwieweit die Ergebnisse unabhängig von der durchführenden Person sind. Für diese Dissertation wurde eine standardisierten Likert-Skala verwendet. Dies trägt zur Sicherstellung der Objektivität bei, da sowohl die Durchführung als auch die Auswertung unabhängig von der Person der Befragenden erfolgen kann.
- Die Reliabilität beschreibt die Zuverlässigkeit bzw. Genauigkeit der Messung, ob ein Instrument bei wiederholter Anwendung gleiche Ergebnisse liefert. Für diese Dissertation wurden zur Erhöhung der Reliabilität mehrere thematisch verwandte Items verwendet, deren interne Konsistenz über das Cronbachs Alpha geprüft werden konnte. Die standardisierte Struktur der Likert-Skala unterstützt zudem die Wiederholbarkeit der Messung.
- Die Validität bezieht sich auf die Gültigkeit einer Messung, also darauf, ob tatsächlich das gemessen wird, was gemessen werden soll. Für diese Dissertation wurde die Validität der eingesetzten Skala durch eine theoriebasierte Item-Entwicklung sowie durch Rückmeldung von FachexpertInnen zur Passung der Aussagen zum Zielkonstrukt gestützt. Damit wurde sichergestellt, dass die Skala tatsächlich die intendierten Einstellungen und Wahrnehmungen abbildet.

Auch in quantitativen Teil sind somit die Gütekriterien erfüllt.

Verfahren der Datenerhebung

Interviews

Interviews werden üblicherweise aufgezeichnet und es werden zusätzlich Notizen niedergeschrieben. Damit wird sichergestellt, dass die Ergebnisse des Interviews reproduzierbar bleiben und im weiteren Bearbeitungsverlauf gegengeprüft werden können. Es ist darauf zu achten, dass das Aufzeichnungsinstrument kein Hemmnis im Gespräch wird. Deshalb ist von Anfang an sicherzustellen, dass Datenschutz und ggf. die Wahrung der Privatsphäre beachtet werden (Berger-Grabner, 2022).

Die Aufzeichnung der Interviews erfolgte mit einem Philips Audio Recorder. Jeder Interviewtermin war mit einer Dauer von 60 Minuten angesetzt. Der Zeitraum der Erhebung lag zwischen dem 21. April 2023 und dem 05. Juni 2023. Die Gesamtdauer der Gespräche war insgesamt acht Stunden und 34 Minuten, im Durchschnitt war die Interviewdauer 51 Minuten lag. Jedoch war die Zeit der Aufnahme geringer. Hier lag die Gesamtaufnahmedauer bei sechs Stunden und 53 Minuten; im Durchschnitt war ein Interview 41 Minuten lang.

Die Einhaltung ethischer Prinzipien ist im qualitativen Forschungsprozess von zentraler Bedeutung, da Forschende in direkten und oftmals intensiven Kontakt mit den Teilnehmenden treten. Der Zugang zu persönlichen Einstellungen, Erfahrungen oder organisationalen Praktiken macht es erforderlich, spezifische forschungsethische Standards zu berücksichtigen, die über rein formale Anforderungen hinausgehen. Ein grundlegendes Prinzip ist die informierte Einwilligung, bei der Teilnehmende vor Beginn der Datenerhebung umfassend über Ziele, Ablauf, Art der Datenverwendung und ihre Rechte aufgeklärt werden. Dabei ist sicherzustellen, dass die Zustimmung freiwillig und auf Grundlage ausreichender Information erfolgt (Flick, 2021). Ein weiterer zentraler Aspekt ist die Wahrung der Vertraulichkeit und Anonymität. Da qualitative Forschung häufig tiefgehende persönliche oder organisationsbezogene Informationen generiert, müssen geeignete Maßnahmen getroffen werden, um Rückschlüsse auf einzelne Personen oder Einrichtungen zu verhindern. Dazu zählen etwa Pseudonymisierungen sowie die sorgfältige Auswahl von Zitaten in der Ergebnisdarstellung (Döring & Bortz, 2016). Auch der verantwortungsvolle Umgang mit sensiblen Daten gehört zu den ethischen Grundsätzen. Forschende tragen die Verantwortung dafür, dass Datenspeicherung, -verarbeitung und -archivierung den geltenden Datenschutzbestimmungen entsprechen. In Deutschland sind hier insbesondere die DSGVO sowie hochschulspezifische Ethikleitlinien maßgeblich. Zudem ist im qualitativen Forschungskontext die reflexive Haltung der Forschenden ein ethisch bedeutsames Element. Aufgrund der Nähe zu den Untersuchungsteilnehmenden und der möglichen Beeinflussung durch subjektive Perspektiven ist es erforderlich, die eigene Rolle, Erwartungen und Vorannahmen kontinuierlich zu reflektieren (Mayring, 2022). Außerdem gilt es auch, Transparenz im gesamten Forschungsprozess zu gewährleisten – von der Erhebung über die Auswertung bis zur Veröffentlichung. Diese Offenheit dient nicht nur der Nachvollziehbarkeit, sondern auch dem Schutz der Teilnehmenden vor Fehlinterpretationen oder ungewollter Exposition.

Im Vorfeld des Interviewtermins wurde eine Datenschutzerklärung versandt, dabei zur Vorgehensweise detailliert informiert und vor dem Gespräch noch einmal die Aufzeichnungsbereitschaft abgefragt und dokumentiert. Die unterschriebenen Einwilligungserklärungen wurden persönlich übergeben oder per E-Mail zurückgesandt, meistens unmittelbar vor bzw. nach dem Interviewtermin. Die vollständige Datenschutzerklärung ist in Anhang A im elektronischen Zusatzmaterial einsehbar.

Im Interviewtermin wurde der Wunsch nach Anonymität erfragt und dokumentiert. Im Rahmen der Transkription erfolgte die Pseudonymisierung. Im Anhang B im elektronischen Zusatzmaterial ist die Art und Weise der Kontaktaufnahme sowie den weiteren Verlauf tabellarisch aufgelistet. Dabei wurde unterschieden, ob ein direkter Kontakt möglich war oder eine Vermittlung erforderlich wurde. Weiterhin wurde das Datum der Zusage und des tatsächlichen Interviews erfasst sowie die Zeiten von Interview und Aufnahme des Interviews. Einwilligungserklärung und Anmerkungen vervollständigen die Informationen des Rekrutierungsvorgangs für die ExpertInneninterviews.

Die Interviews wurden im Arbeitsumfeld der interviewten Personen und der Autorin dieser Arbeit persönlich oder als Videokonferenz durchgeführt. Die Online-Interviews erfolgten mit Microsoft Teams, Skype oder LifeSize. Aufgenommen wurde das Gespräch nur von Beginn bis Ende des Interviewleitfadens. Davor gab es eine ausführliche Erklärung zu dieser Arbeit und im Nachgang einen persönlichen Gedankenaustausch zu den theoretischen Ergebnissen und weiteren Themen, die den klinischen Alltag eines Krankenhauses und deren Verwaltung betrafen. Alle durchgeführten Interviews waren tauglich für den Einschluss in die Studie und wurden im Anschluss transkribiert.

Transkription

Die Verschriftlichung der gesprochenen Sprache aus z. B. Interviews wird als Transkription bezeichnet (Mayring, 2023). Dabei steht der Begriff der Transkription – im lateinischen „transcriptio" – für die Übertragung (Duden, 2023). Es besteht grundsätzlich die Option Interviews zusammenzufassen. Das passiert immer da, wo der exakte Wortlaut nicht notwendig wird oder leserfreundlich aufbereitet sein soll z. B. im Journalismus oder der Marktforschung. Wissenschaftliche Transkripte hingegen sind die Ausgangsbasis der darauffolgenden Analyse und müssen deshalb detailreich und vollständig niedergeschrieben werden (Fuß & Karbach, 2019).

Die Transkripte wurden mit Hilfe der Software MAXQDA erstellt. Die Software bietet die Hilfestellung des vereinfachten bzw. unterstützenden Arbeitsvorganges durch Geschwindigkeitsanpassung, Absatzkennzeichnung, Kennzeichnung der Sprachwechsel, Setzen von Zeitmarken und dem anschließenden Ausleiten in Word, Excel oder PDF.

Transkriptionsregeln:
Im Vorfeld wurden Transkriptionsregeln aufgestellt. Mit Transkriptionsregeln wird sichergestellt, dass der Prozess standardisiert abläuft und sprachliche Besonderheiten kenntlich gemacht werden. Fuß und Karbach (2019) empfehlen den Umgang mit einem modulartigen Transkriptionssystem. Dabei wird im Vorfeld festgelegt, welche Module in welcher Breite sinnvollerweise zur Anwendung kommen sollten. Insgesamt sind es acht Module, die in Abhängigkeit vom Fokus der Auswertung geprüft werden können:

- Sprachglättung Pause
- Sprachklang
- Lautäußerungen, Wortabbrüche, Verschleifungen
- Nicht-sprachliche Ereignisse
- Interaktion
- Unsicherheit, Unterbrechung, Auslassung
- Zeichensetzung (Fuß & Karbach, 2019)

Nachfolgende fünf Module mit aufgeführter Breite wurden beim Transkribieren der Interviews für diese Dissertation in Anwendung gebracht:

- Leichte Sprachglättung: Korrektur des „breiten“ Dialektes; Beibehaltung umgangssprachlicher Ausdrucksweisen, fehlerhafter Ausdrücke, eines fehlerhaften Satzbaues, feststehender mundartlicher Ausdrücke
- Sprachklang: Dehnung → ja::: = gedehntes Wort, nie:::mals = gedehnte Silbe; Anzahl des Zeichens „:“ = Länge der Dehnung
- Nicht-sprachliche Ereignisse, die während des Interviews auftraten stehen in Klammern.
- Zeichensetzung:. = Satzende;, = Aufzählung bzw. Nebensatz; ? = Frage
- Lautäußerungen, Wortabbrüche und Verschleifungen: Wortabbruch → einf = abgebrochenes Wort, Arbeits- äh -amt = Wiederaufnahme des abgebrochenen Wortes; Verschleifungen → Ich bin also ich meine = auffällig schneller Anschluss, Weil weil weil ähm ich bin = auffällig schnelle Wortwiederholung (In Anlehnung an Fuß / Karbach, 2019)

Transkriptionskopf:
Einem Transkript vorangestellt wird ein Transkriptionskopf. Dieser enthält wesentliche Daten zu den Interviewpartnern sowie Ort und Zeit. Beim Arbeiten im Team an den Analysen der Transkripte kann es sinnvoll sein, die Transkriptionsregeln ebenfalls mit im Kopf zu platzieren, um ein gemeinsames Verständnis zum Transkript zu erhalten (Fuß & Karbach, 2019). Die Autorin dieser Dissertation hat sich für einen erweiterten Kopf entschieden, um noch andere Informationen sofort sichtbar zu hinterlegen. Tabelle 4.2 zeigt beispielhaft den Transkriptionskopf. Die Transkriptionsregeln wurden im Kopf nicht mit aufgeführt. Im Anhang D im elektronischen Zusatzmaterial ist ein Beispiel der zehn Transkripte einsehbar.

Daten-Analysen – Methode

Mayring (2022) hat den Begriff der Inhaltsanalyse aus den verschiedenen existierenden Definitionen heraus zusammengefasst und sie spezifiziert in eine kategoriengeleitete Textanalyse. In der geht es im Wesentlichen um die Analyse von Kommunikation, die systematisch, regel- und theoriegeleitet erfolgen sowie Rückschlüsse auf bestimmte Aspekte der Kommunikation als Zielstellung verfolgen soll (Mayring, 2022).

Aus den speziellen Anforderungen der Inhaltsanalyse wurde ein allgemeines inhaltsanalytisches Ablaufmodell entwickelt, um das Verfahren gemäß Abbildung 4.4 zu standardisieren. Die Hauptausrichtung der qualitativen Inhaltsanalyse

Tabelle 4.2 Transkriptionskopf. (Eigene Darstellung)

Ident-Nummer	5a
Datum und Uhrzeit	02.05.2023, 15 Uhr
Ort und Art des Interviews	XXX – Rostock, Videokonferenz
Name der Interviewerin	Britta Wark
Name der befragten Person (Anonymität?)	XXX
Position im Unternehmen	Leitung Personalcontrolling, HR-Reporting und Verwaltungscontrolling
Seit wann im Unternehmen	2009
Seit wann in der Position	2020
Anonymität	nein
Name der Autodatei	230502_5a_7a
Interviewdauer	01:05
Aufnahmedauer	00:56

ist, die Transkripte soweit einzukürzen und auszuwerten, dass die Beantwortung der Forschungsfragen erreicht werden kann. Der Kommunikationszusammenhang darf dabei nicht verloren gehen und Interpretationen müssen nachvollziehbar sein (Berger-Grabner, 2022).

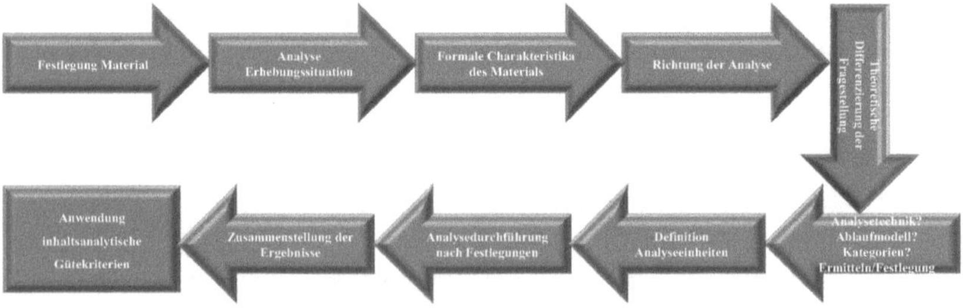

Abbildung 4.4 Allgemeiner inhaltsanalytischer Prozess. (Eigene Darstellung in Anlehnung an Mayring, 2022, S. 61)

Das zu analysierende Material sind die Transkripte der Interviews mit den Personalleitungen / des Personalcontrollings und den Vorständen / Geschäftsführungen der jeweiligen Klinik. Für die Datenerhebung wurde ein Interviewleitfaden gemäß Abschnitt „Untersuchungsmethode – Interviewleitfaden“ erstellt und durch

Befragung angewandt. Die Transkriptionsregeln zu den Transkripten spiegeln die formalen Charakteristika des Materials wider. Die Richtung der Analyse ist eine Analyse des Textes an sich mit Ausrichtung auf die Beantwortung der Forschungsfragen. Dahingehend werden diese auch an bisherige Forschungsergebnisse und die Theorie, welche im Kapitel 3: Literaturrecherche („Stand der Forschung") – Theoretische Grundlagen beschrieben ist, geknüpft.

Es gibt drei Grundformen der Analysetechnik: die Zusammenfassung, die Strukturierung und die Explikation (Mayring, 2022). Die zusammenfassende qualitative Inhaltsanalyse ist die geeignetste Technik, um eine maximale Eindampfung des Textes bei hoher Aussagekraft zu den einzelnen Fragen des Interviews zu erreichen und daraus im Anschluss die Forschungsfragen beantworten zu können. Neben dem allgemeinen Ablauf zur Vorgehensweise kommen hier vier Regeln zum Einsatz, um die vorab genannte Reduktion zu erreichen:

- Z1: die nicht inhaltstragenden Textbestandteile werden entfernt, einheitliche Sprachebene erreichen, grammatikalische Korrekturen → Paraphrasierung
- Z2: Verallgemeinern der Textpassagen → Generalisierung
- Z3: bedeutungslose Inhalte entfernen, Unwesentliches weglassen → erste Reduktion
- Z4: gleiche Inhalte zusammenzufassen, bündeln und verknüpfen → zweite Reduktion (Mayring, 2022)

Die Kategorien wurden auf Basis der Cluster festgelegt, wobei aus dem Block Einstiegsfragen nur zwei Fragen mit jeweils einer Kategorie stammen. Das entspricht zusammengefasst Kategorie 1 bis Kategorie 6. Darunter wurden Unterkategorien gebildet, die mit einem Buchstaben kenntlich gestellt sind z. B. 5c. Abschließend erfolgte eine Rücküberprüfung mit dem Ausgangsmaterial zum Zwecke der Qualitätssicherung.

In der praktischen Umsetzung wurden die Transkripte als Tabelle im Wordformat aus MAXQDA ausgeleitet. Die Tabelle wurde erweitert und dann über die Regeln Z1 bis Z3 paraphrasiert, generalisiert und reduziert. Die erste Reduktion wurde in einer weiteren Tabelle unter Gliederung der Kategorien und Unterkategorien aufgebaut und anschließend in die 2. Reduktion überführt. Die Analyse wurde bewusst nicht in MAXQDA vollzogen, weil die Einzelschritte von Paraphrasierung, Generalisierung und 1. + 2. Reduktion nicht in dem Maße nachvollziehbar sind, wie über die vorab beschriebene Vorgehensweise. In Anhang E im elektronischen Zusatzmaterial ist ein Beispiel der ersten Reduktion sowie die zweite Reduktion einsehbar.

Tabelle 4.3 zeigt die sechs Kategorien sowie die entsprechenden Unterkategorien, die im Rahmen der zusammenfassenden Inhaltsanalyse nach Mayring aufgestellt wurden. Die Kategorien und Unterkategorien wurden deduktiv gebildet, das heißt, sie basieren vorab auf den im Interviewleitfaden definierten Themen und wurden systematisch zur Auswertung der Interviews verwendet.

Auf Basis der 2. Reduktion konnte die Forschungsfrage 2 beantwortet werden. Die Forschungsfrage 3 wurde aus der Gegenüberstellung der beiden Gruppen an interviewten Personen aus dem gleichen Haus und weiteren Ableitungen aus der 2. Reduktion sowie dem Theorieblock in Kapitel 3 beantwortet.

Außerdem wurden die Ergebnisse der zusätzlichen Abfrage mittels Likert-Skala analysiert. Die Analyse erfolgte nach einem strukturierten, wissenschaftlichen Ansatz, der sich an bewährten Methoden der empirischen Sozialforschung orientiert (Schnell, Hill & Esser, 2013):

- Datenaufbereitung: Die Daten wurden in eine analytische Umgebung eingelesen, unvollständige oder irrelevante Spalten entfernt und kodierte Werte entschlüsselt. Diese Phase basiert auf den Prinzipien der Datenbereinigung und -vorbereitung nach Bortz & Schuster (2010).
- Deskriptive Statistik: Zur Identifikation zentraler Tendenzen wurden Häufigkeitsverteilungen, Mittelwerte und Standardabweichungen berechnet. Diese statistischen Methoden dienen dazu, einen Überblick über die Verteilung der erhobenen Variablen zu gewinnen (McKinsey, 2024).
- Gruppenvergleiche mittels T-Tests: Um signifikante Unterschiede zwischen definierten Gruppen zu prüfen, wurden t-Werte und p-Werte berechnet. Dies ist eine gängige Methode der inferenzstatistischen Analyse, die zur Hypothesentestung eingesetzt wird (Field, 2013).
- Interpretation der Ergebnisse: Die statistischen Befunde wurden im Kontext der bestehenden Forschungsliteratur diskutiert, um Erkenntnisse über Nutzungsmuster von Personalkennzahlen abzuleiten (Becker et al., 2011).
- Maßnahmenableitung: Basierend auf den Ergebnissen wurden gezielte Handlungsempfehlungen entwickelt, um die Nutzung von Personalkennzahlen in der Organisation zu verbessern (Kaplan & Norton, 1996).

In der deskriptiven Analyse wurden die erhobenen Daten auf ihre Grundstruktur untersucht. Die wichtigsten Ergebnisse sind:

- Insgesamt 195 Einträge in der Tabelle zur deskriptiven Analyse. Die häufigste Antwortkategorie war "trifft zu" mit 17 Nennungen. Die Daten wiesen einige fehlende Werte auf, wurden aber bereinigt und analysiert.

Tabelle 4.3 Kategorien und Unterkategorien dieser qualitativen Forschungsarbeit. (Eigene Darstellung)

Kategorie	K1	K2	K3	K4	K5	K6
Unter-kategorie	Struktur des Controllings und insbesondere des Personal-controllings	Wertigkeit des Controllings und insbesondere des Personal-controllings im eigenen Unternehmen	Kennzahlen im Allgemeinen	Personalcontrolling	Personalkennzahlen	Strategie und Kennzahlen
a.)			Erhebung generell	Eigene Begriffsdefinition	ExpertInnenmeinung zu Personalkennzahlen	Unternehmensstrategie vorhanden
b.)			Erhebung von Personalkennzahlen	Stellenwert des Personalcontrollings in der zukünftigen betrieblichen Praxis	Kennzahlen in / für der / die Personalarbeit selbst	Anwendung der Personalkennzahlen im Kontext der Unternehmensstrategie
c.)			Beispiele der am häufigsten genutzten Kennzahlen im eigenen Haus	Kernaufgaben des Personalcontrollings	Entscheidungen auf Basis von Personalkennzahlen	Medizinstrategie vorhanden
d.)			IT-Systeme zur Datenermittlung, Kennzahlenerstellung	Anzahl der PersonalcontrollerInnen	Benchmarks in der Branche	Personalstrategie aus der Medizinstrategie abgeleitet
e.)			Wichtigste Kennzahlen für ein Krankenhaus	Notwendigkeit zur Aufstockung von PersonalcontrollerInnen	Besonders wertvolle Personalkennzahlen am jeweiligen Haus	Personalkennzahlen aus der Personalstrategie abgeleitet
f.)			EmpfängInnen der Kennzahlen	Veränderungen im Personalcontrolling durch Pandemie, Krieg und Fachkräftemangel	Rückfragen in Fachabteilungen bei Auffälligkeiten	Notwendigkeit, neue Schwerpunkte für aussagekräftige Personalkennzahlen zu definieren
g.)			Nutzung der Kennzahlen	Deshalb Anpassung der Kennzahlen als notwendig gesehen	Erfassung Prozesskennzahlen Personalabteilung	
h.)			Grenzen von Kennzahlen	Rolle der Digitalisierung	Erhebung qualitativer Personalkennzahlen	
i.)			Strategieorientierte Kennzahlen		Anpassung der Personalkennzahlen und Ursachen	
j.)			Nutzen von Kennzahlensystemen generell			

- Durch Berechnung der Häufigkeiten und Verteilungen konnte festgestellt werden, dass die Fragen unterschiedliche Antwortmuster aufweisen. Besonders häufig tauchten Kategorien mit geringen oder keinen Antworten auf, was auf selektive Antwortmuster hindeutet (Schnell, Hill & Esser, 2013; Personio, 2024).

Folgende Tests wurden mittels SPSS durchgeführt, um Aussagen zu den erhobenen Daten zu erreichen:

- t-Test: Das ist ein statistisches Verfahren zur Überprüfung von Unterschieden zwischen den Mittelwerten zweier unabhängiger Stichproben. Der Test wird verwendet, um herauszufinden, ob die Mittelwerte der beiden Stichproben statistisch signifikant voneinander abweichen (Kuckartz et al., 2013).
- Welch-Test: Dieser Test ist ein statistisches Verfahren zur Überprüfung von Unterschieden zwischen den Mittelwerten zweier unabhängiger Stichproben, wenn die Varianzen der beiden Stichproben als unterschiedlich betrachtet werden (Kuckartz et al., 2013).
- Mann-Whitney-U-Test: Dieser nichtparametrische, statistische Test erkennt, ob es einen signifikanten Unterschied zwischen den Verteilungen zweier unabhängiger Stichproben gibt (Döring, 2022).
- Cronbachs Alpha: Das ist ein Maß für die Zuverlässigkeit einer Skala oder eines Fragebogens. Es wird verwendet, um festzustellen, wie gut die einzelnen Items in einem Instrument zusammenhängen und ob sie gemeinsam das Konstrukt messen, das sie beabsichtigen zu erfassen (Döring, 2022).

Grundsätzlich kann gesagt werden, dass die Datenmenge für eine qualitative Analyse zu gering war und dadurch der Aussagewert reduziert ist. Jedoch sind Tendenzen erkennbar, die im Abschnitt „Details der Analyse und Ergebnisse – Quantitative Analyse“ Erwähnung finden.

Zusammenfassung

Im ersten empirischen Teil dieser Dissertation wurden die Forschungsfragen aufgelistet und das Forschungsdesign erläutert. Es wurde die Grundgesamtheit und die Stichprobenstrategie vorgestellt. Weiterhin wurde auf die Untersuchungsmethode und deren Validierung eingegangen. Die Datenerfassung und Auswertung standen anschließend an. Alle Inhalte des Kapitels münden in eine Zusammenfassung.

Mit dem Forschungsdesign wurde die Forschungsstrategie und die Erhebungsmethodik festgelegt und ausformuliert. Die maßgebliche Strategie war zum einem die Literaturrecherche und zum anderen die Erhebung von empirischen Daten über einen definierten Arbeitsablauf. Ein vorher festgelegter, klar strukturierter Arbeitsablauf sichert die Qualität der Arbeit zum einem und zum anderen den sogenannten „roten Faden“ sowie letztendlich auch die Zeitplanung in der operativen Umsetzung. Die Erhebungsmethodik bringt den Standard in die Dissertation und damit die Nachvollziehbarkeit der einzelnen Arbeitsschritte nach anerkannten Kriterien in der Forschung. Schritt für Schritt wurde beschrieben, wie die Pfade und Entscheidungen zustande kamen und weshalb es neben dem Hauptteil der qualitativen Forschung einen Nebenteil einer quantitativen Untermauerung gibt.

In Anschluss wurde die Grundgesamtheit definiert und die Stichprobenstrategie festgelegt. Auch hier wurde Schritt für Schritt nachvollziehbar ausformuliert, wie die Auswahl zustande kam. Weiterhin wurde der Prozess vom Sampling bis zur Interviewdurchführung erläutert.

Dann wurde auf die Untersuchungsmethode, den Interviewleitfaden eingegangen. Neben der Entwicklung der Fragen wurde auch die Struktur des Interviewleitfadens beschrieben.

Die Validierung der Untersuchungsmethode erfolgte mittels Pretests und Prüfung der Gütekriterien. Beides konnte erfolgreich umgesetzt werden, so dass die Qualität der Studie damit sichergestellt war.

Im Verfahren der Datenerhebung wurde die Art und Weise der Interviews inklusive Umsetzung beschrieben. Die anschließende Transkription erfolgte ebenfalls nach einer vorab festgelegten Struktur – den Transkriptionsregeln. Der Transkriptionskopf stellt die Zuordnung zu Person, Position, Ort und Zeit sicher.

Die Datenanalysen zeigen die Methoden der Analysen im Detail und bilden den Abschluss des ersten empirischen Teils. Hier wurde der allgemeine inhaltsanalytische Prozess dargestellt, sowie die drei Grundformen dieser Analysetechnik. Im weiteren Verlauf wurde die Entscheidung zur zusammenfassenden Inhaltsanalyse dargelegt und auch diese wieder beschrieben. Die Kategorien und Unterkategorien wurden deduktiv, vorab auf Basis des Leitfadens, tabellarisch aufgestellt. Die Analyse der Likert-Skala wurde ebenfalls zusammenfassend dargestellt.

Damit gibt dieses Kapitel einen vollumfänglichen Überblick über die Vorgehensweise der Forschungsleistung dieser Dissertation wieder.

5 Analyse und Präsentation der Ergebnisse

Im Kapitel 5 werden mit der zusammenfassenden qualitativen Inhaltsanalyse nach Mayring die Interviews strukturiert reduziert dargestellt. Die Methodik dafür ist in Abschnitt „Daten-Analysen – Methode“ ausführlich erläutert. Dopplungen oder nicht relevante Anmerkungen wurden mit der 2. Reduktion gestrichen. Außerdem werden die Ergebnisse der Likert-Skala ausgegeben und interpretiert. Zu Abschluss des Kapitels erfolgt eine Zusammenfassung der Ergebnisse.

Details der Analyse und Ergebnisse – Zusammenfassende qualitative Inhaltsanalyse

Allgemeine Informationen

Es wurden zehn Interviews durchgeführt. Fünf Interviews mit der obersten Leistung wie Geschäftsführung bzw. Vorstand (vier Männer, eine Frau) und fünf Interviews mit Personalleitungen / Personalcontrolling (zwei Männer, drei Frauen). Je nach Klinikgröße und Rechtsverhältnis sind die Funktionen unterschiedlich benannt jedoch inhaltlich gleich.

Die obersten Leitungen sind überwiegend in den letzten Jahren direkt in der Funktion in die Unternehmen eingetreten. Die Personalleitungen / das Personalcontrolling sind überwiegend lange Jahre im Haus und dort in die jetzige

Ergänzende Information Die elektronische Version dieses Kapitels enthält Zusatzmaterial, auf das über folgenden Link zugegriffen werden kann https://doi.org/10.1007/978-3-658-51104-3_5.

B. Wark, *Kennzahlen als Steuerungsinstrument des Personalcontrollings*,
https://doi.org/10.1007/978-3-658-51104-3_5

Funktion ab dem Jahr 2019 gewachsen. Damit hatten die Personalleitungen / das Personalcontrolling bereits einige Wandel im Unternehmen und speziell im Personalcontrolling durchlebt.

Bewertungsschema

Mehr als fünf Aussagen in eine Richtung = überwiegend.
Ein bis zwei abweichende Meinungen = grundsätzlich.
Ohne die Bewertung überwiegend oder grundsätzlich = einstimmiges Ergebnis.
Bei verschiedenen Aussagen die inhaltlich wertvoll sind = zusammenfassend.

Kategorien und Ergebnisse

K1: Struktur des Controllings und insbesondere des Personalcontrollings

Grundsätzlich ist das Controlling in eine eigene zentrale Abteilung, z. B. als Zentralcontrolling oder Kaufmännisches Controlling strukturiert. Das Personalcontrolling ist grundsätzlich als eigener Bereich innerhalb der Personalabteilung verortet. Spezielle Aufgaben aus dem Personalcontrolling sind auch noch dem Zentralcontrolling oder dem strategischen Controlling zugeordnet z. B. die Betreuung / Erstellung der Pflegepersonaluntergrenzen.

K2: Stellenwert des Controllings und insbesondere des Personalcontrollings im eigenen Unternehmen

Grundsätzlich haben sowohl Controlling als auch Personalcontrolling einen hohen Stellenwert in den jeweiligen Unternehmen. Es ist jedoch auch abhängig von der Zielgruppe. Wird es für die oberste Führung als besonders wertvoll wahrgenommen, sehen es Personen im Klinikalltag auch u. U. als lästig oder unangemessen an. Ursachen sind im Einzelnen bzw. aus Sicht der Betroffenen, dass zu stark hinterfragt bzw. in Frage gestellt wird. Aber es auch inhaltlich nicht verstanden wird und damit eine Art Überforderung eintritt, weil die Aufarbeitungen nicht ausreichend zielgruppengerecht sind. Daraus folgend erfährt der/ die einzelne ControllerIn keine bzw. wenig Wertschätzung zur eigenen Arbeit. Die Personalcontrollingbereiche zeigten auf, dass mehr Einbindung und auch frühzeitige Einbindung notwendig sind, um die Aufgaben vollumfänglich und sachgerecht erledigen zu können. Die PersonalcontrollerInnen sehen das Personalcontrolling im Krankenhaus, als sehr speziell an, als etwas Besonderes und insbesondere es ist schwierig Informationen zu finden bzw. zu erhalten.

Es gibt viele Schulungen für PersonalcontrollerInnen, aber dann nicht auf das Krankenhaus ausgerichtet. Stellenwert und Wichtigkeit insbesondere des Personalcontrollings, nehmen zu, weil das Thema Fachkräftebedarf prospektive Fachkräfteplanung vom Personalcontrolling betreut wird.

K3: Kennzahlen im Allgemeinen

a.) Erhebung generell:

In allen Kliniken werden generell Kennzahlen erhoben.

b.) Erhebung von Personalkennzahlen:

In allen Kliniken werden Personalkennzahlen erhoben.

c.) Beispiele von den am häufigsten genutzten Kennzahlen im eigenen Haus:

Es gibt ein großes Portfolio an Kennzahlen. An häufigsten genannt wurden:

- Generelle Plan-Ist-Abweichung
- Leistungskennzahlen eines Krankenhauses wie Case-Mix, Case-Mix-Index, Fallzahlen
- Prozesskennzahlen wie Verweildauer, Bettenauslastung, medizinischer Abschluss
- Personalkennzahlen wie Fluktuation, Abwesenheiten, Oberarztquote, Altersquote, VK-Zahlen, Kosten pro VK, Köpfe, Arbeitszeitentwicklung
- Qualitätskennzahlen
- Im Detail: Case Mix, Case Mix Index, Verweildauer, Bettenauslastung, Fallzahlen, medizinischer Abschluss, Ausfallzeiten, VK, Personalmischung zum Personalbestand, Altersstruktur, Relation zwischen Fallzahlen und Case-Mix in Bezug auf die Vollkräfte, Verweildauerindex, Fluktuationskennziffern, Krankheitsquoten, Oberarzt-Quoten, Alters-Quoten, Betriebszugehörigkeits-Quoten, Abwesenheitsquoten, fachärztliche Fortbildungsverpflichtungen, Köpfe, Case-Mix-Punkt je VK, XXXX-Punkte (XXXX bedeutet Pseudonymisiert), Arbeitszeit-Entwicklung, Kosten, Saldo-Stunden-Entwicklung im Vergleich zum Personalbestand, Besetzungsquote

d.) IT-Systeme zur Datenermittlung, Kennzahlenerstellung:

Sehr verbreitet und in großer Nutzertiefe wird Excel verwendet / angewendet. Dies für Auswertungen und Berichtswesen. Einige Häuser haben für ihr Berichtswesen ein Data Warehouse in Anwendung oder es befindet sich im Aufbau. Die datenliefernden Systeme sind überwiegend SAP, SP-Expert und andere Dienstplanprogramme, Orbis. Teilweise sind die Systeme kommunizierend über Schnittstellen, oft werden jedoch manuell die Daten in Excel oder das Data Warehouse geladen, weiterverarbeitet und ausgegeben.

e.) Wichtigste Kennzahlen für ein Krankenhaus:
Die Frage wurde ähnlich beantwortet wie K3c, zusammengefasst als Leistungskennzahlen, Personalkennzahlen, Finanzkennzahlen, Qualitätskennzahlen und Liquiditätsprognosen. Zwei der interviewten Personen nutzten nicht die Aufzählung, sondern beschrieben zusammenfassend sehr treffend.

- Wichtig ist erstmal der unternehmerische Erfolg, dann erst wichtig sind die Leistungskennzahlen der medizinischen Bereiche. Ein Krankenhaus ist ein Unternehmen, deshalb sind es die klassischen Unternehmenskennzahlen, je nachdem wie gesteuert wird, entweder klassisch nach einer Gewinn- und Verlustrechnung, einer Bilanz oder eine Steuerung über eine Deckungsbeitragsrechnung. Daran sind dann die grundlegenden Kennzahlen darzustellen.
- Das ist von der Perspektive abhängig, grundsätzlich ist es erstmal wichtig, dass ein Krankenhaus rechtskonform arbeitet. Daher sind diese grundsätzlichen Kennzahlen, die Einhaltung der Pflegepersonaluntergrenzen, der Haustarifvertrag, die fachärztliche Fortbildungspflicht, wie Dienstzeit, Fachärzte, diese Strukturanforderungen, das sind erstmal Basiskennzahlen. Das ist die Basis, auf der Leistung aufgebaut werden kann. Gelebt wird häufig die Leistungsperspektive, grundsätzlich wird nur über Leistungskennzahlen gesprochen. Es wird unterstellt, dass alles andere schon in Ordnung sein wird. Das ist eine Annahme, da zeigen die MD-Prüfungen etc. dann etwas anderes.

f.) EmpfängerInnen der Kennzahlen:
Das sind externe EmpfängerInnen wie Ministerium, InEk, Aufsichtsrat. Interne EmpfängerInnen sind Vorstand / Geschäftsführung, Standortleitung, Geschäftsbereichsleitung, Klinikleitung, Führungsebene Zwei und Führungsebene Drei von Klinik und Verwaltung bis hin auch zu den Mitarbeitenden.

g.) Nutzung der Kennzahlen:
Grundsätzlich werden die Kennzahlen der jeweiligen Unternehmen zur Statusfeststellung, Zielerreichung, Entscheidungsfindung und Steuerung verwendet. Dazu kommt die Nutzung der Daten bei der Wirtschaftsplanung, für interne Gespräche, Dokumentation mit Nachweispflichten und verschiedene Strukturprüfungen. Auch für Informationen bis hin zu den einzelnen Mitarbeitenden sind die Kennzahlen in Verwendung.

h.) Grenzen von Kennzahlen:
In der Fragestellung gab es eine grundsätzliche Einigkeit bei den interviewten Personen, dass Kennzahlen eine gute Möglichkeit zur Steuerung sind und um einen Überblick zu bekommen, aber es muss immer das Gesamtbild betrachtet werden. Kennzahlen sind eine Sichtweise, die abstrakt ist, die nicht immer nur durch nackte Zahlen dargestellt werden können. Und das auch nicht allumfassend. Damit bieten Kennzahlen einen ersten Anhaltspunkt dafür, dass es irgendwo eine Abweichung gibt, erklären aber noch nicht, worin diese Abweichung begründet ist. Es ist meist nur ein Indikator oder auch ein Warnsignal, um irgendwo achtsamer hinzusehen. Das ist die größte Schwierigkeit, aber der Anspruch an Kennzahlen sollte zumindest eine Erklärung haben. Das ist oft nicht der Fall.

Die Grenzen von Kennzahlen sind z. B. zu viele Ausnahmen. Bei der Vergleichbarkeit von Kennzahlen ist das ein Problem, gerade wenn ein Benchmark gemacht werden soll. Z. B. die Fluktuationsquote auch in den VK ist in jedem Krankenhaus anders definiert. Wenn über Zahlen gesprochen wird, ist eine Vergleichbarkeit notwendig. Kennzahlen leiten sich aus einem übergeordneten Ziel ab oder einem übergeordneten Zielsystem. Wenn das z. B. auf ein Universitätskrankenhaus ausgerichtet wird, hat es drei Aufgaben. Lehre, Forschung und Krankenversorgung. Damit sind es drei Felder, wo geprüft werden muss, kommt das Haus der Lehre, der Forschung und der Krankenversorgung nach. Weiterhin gibt es immer auch die Systembedingungen: das sind das Sparsamkeits- und Wirtschaftlichkeitsprinzip. Daraus ergibt sich ein Rahmen, was zulässig und ethisch vertretbar ist, um Kennzahlen bilden zu können. Die Akzeptanz des Rahmens zeigt, welche Ziele ein Unternehmen verfolgen muss oder will oder kann, daraus ergeben sich die Grenzen und nicht darüber hinaus. Aber es darf keine Grenzen für Kennzahlen geben, solange die sich in dem Kontext der unternehmerischen Zielsetzung bewegen. Zu „die Zahlen sind nicht richtig“ muss es einen Grundsatz in einem Unternehmen geben. Es gibt nur eine richtige Zahl. Es gibt nur eine Institution, die auch berechtigt ist, eine Zahl rauszugeben. Es gibt parallel keine anderen Zahlen. Die Zahl ist immer richtig, denn grobe Fehler werden erstmal nicht unterstellt. Diese Nachkomma-Diskussionen sind nicht zielführend und nur ein Ablenkungsmanöver der eigentlichen Themen. Alle Kennzahlen sind in einer Abhängigkeit von der Datenqualität. Verzerrungen und Effekte werden nicht immer erkannt oder beachtet.

i.) Strategieorientierte Kennzahlen:
Überwiegend sind die Kennzahlen derzeit nicht strategieorientiert in den Unternehmen in Verwendung. Teilweise wird eine Strategieorientierung abgelehnt mit der Aussage, je strategischer eine Kennzahl wird, desto weniger misst sie das, was sie messen soll. Teilweise wird die Notwendigkeit der strategischen Ausrichtung

von Kennzahlen gesehen, jedoch ist das Unternehmen erst auf dem Weg dorthin. Es wurden keine Beispiele weiter aufgeführt, außer generelle Überlegungen im Kontext der demografischen Entwicklung.

j.) Nutzen von Kennzahlensystemen generell:

Kennzahlensysteme geben einen guten Überblick über die Gesamtsituation im Haus, auch Details über Personal, PatientInnen und Leistung. Damit dienen sie der Vereinfachung zur Entscheidungsfindung und zur Maßnahmen- und Standortbestimmung und haben eine hohe Steuerungsfunktion. Zusätzlich schaffen sie Transparenz. Es ist wichtig in dem Zusammenhang, dass es nicht zum Berichts-Overloading kommt. Deshalb sind Dashboards zu entwickeln, z. B. ein Blatt, wo die wichtigsten Kennzahlen draufstehen, mit Grafiken, mit kleinen Piktogrammen, um einen schnellen Überblick über die Situation zu bekommen. Das bedeutet, die Daten sind Zielgruppengerecht aufzuarbeiten.

K4: Personalcontrolling

a.) Eigene Begriffsdefinition:

Zusammenfassend aus den getätigten Aussagen ist Personalcontrolling eine Spezifikation des Controllings, das zur Planung, Steuerung und Kontrolle des Personals dient sowie zur allgemeinen Zielerreichung im Unternehmen beitragen sollte. Dabei ist es ein Fingerzeig z. B. da stimmt eine Zahl nicht, da ist die Fluktuation oder die Krankenquote zu hoch, das muss näher geprüft werden. Es ist aber auch das Erfassen von Kennzahlen zur Steuerung von Personalkosten und von Personalverfügbarkeit, Gesundheit und Zufriedenheit und damit die Abbildung der Dimensionen der Kostenperspektive mit der Mitarbeitendenzufriedenheit inklusive Bindungsperspektive. Es war bisher immer eine quantitative Betrachtungsweise. Es wird jetzt sehr stark beeinflusst von der inhaltlichen qualitativen Komponente in der gesamten Personalarbeit in seiner Breite, das heißt von der Rekrutierung bis zur Entlassung oder Verabschiedung von Mitarbeitenden.

b.) Stellenwert des Personalcontrollings in der zukünftigen betrieblichen Praxis:

Einstimmig wurde ausgesagt, dass der Stellenwert ähnlich hoch wie heute ist oder weiterwachsen wird. Für den ansteigenden Stellenwert wird vor allem der zunehmende Fachkräftemangel sowie auch der hohe Anteil an Personal im Dienstleistungssektor Krankenhaus gesehen.

c.) Kernaufgaben des Personalcontrollings:

Die Kernaufgabe besteht darin, operativ die Steuerung zu unterstützen, das Management zu unterstützen, Plan-Ist als Wirtschaftsplan-Abgleich zu prüfen. Dazu kommen die strukturellen Personalthemen inklusive Prognosen, um rechtzeitig gegensteuern zu können. Informationsversorgung über Berichterstattung,

Transparenz über die Personalsituation im Allgemeinen zu schaffen, Kennzahlenermittlung, Personalbedarfsplanungen, gewisse Szenarien aufzumachen als eine Art des Risikomanagements. Eine Unterstützung oder Mitarbeit in der strategischen Arbeit wird zwar auch gesehen, ist jedoch nicht bzw. nur wenig umgesetzt.

d.) Anzahl der PersonalcontrollerInnen:

Je nach Größe des Hauses sind es zwei bis fünf PersonalcontrollerInnen.

e.) Notwendigkeit zur Aufstockung von PersonalcontrollerInnen:

Die Antworten waren sehr heterogen, wobei die Personalleitungen / das Personalcontrolling dazu tendierten, dass eine Aufstockung erforderlich ist. Grundsätzlich steht es in Anhängigkeit zu den zukünftigen Aufgaben und dem Stand der Digitalisierung / Automatisierung im Personalcontrolling. Teilweise wird von einer Aufgabenverschiebung ausgegangen, aber auch von höheren Anforderungen an die PersonalcontrollerInnen. Einstimmig ist, dass das Personalcontrolling im Krankenhaus im Vergleich zu anderen Branchen noch nicht so weit entwickelt ist, wie es sein könnte.

f.) Veränderungen im Personalcontrolling durch Pandemie, Krieg und Fachkräftemangel:

Die Antworten der interviewten Personen haben die Pandemie und den Krieg eher in den Hintergrund gestellt. Ein starker Fokus der Antworten lag auf dem Fachkräftemangel, dass ist das, was die Branche aktuell am meisten bewegt. Grundsätzlich betrifft der Fachkräftemangel fast alle Berufsgruppen. Bezugnehmend auf die Pandemie nur, weil es ein Stück weit auch die eine oder andere Selbstreflektion bei den Mitarbeitenden gab. Grundsätzlich wird es aber immer schwieriger, geeignete Mitarbeitende zu finden. Vor dem Hintergrund der Verknappung wird das Controlling stärker softwarebasiert, algorithmisch und automatisiert sein. Controlling ist das größte Zukunftsfeld für Künstliche Intelligenz etc. Zu Beginn sind Controllinginstrumente sehr analog und menschlich. Dann jedoch werden die Berichte automatisierter erstellt und zur Verfügung gestellt. Dann bedarf es einer Führungskraft, die die Berichte interpretiert. Es sei denn, es gibt schon Interpretationshilfen bei bestimmten Abweichungen, das kann jetzt schon definiert werden. Das standardisierte Berichtswesen wird weiter zunehmen, deshalb dient es jetzt eher zur Stärkung der Basis dessen, was als Daten reingeht. Die Datenqualität ist entscheidend.

g.) Deshalb Anpassung der Kennzahlen als notwendig gesehen:
Die Kennzahlen werden aktuell schon angepasst. In der Zukunft werden sie ebenfalls angepasst und auch erweitert bzgl. neuer Anforderungen und auch um Prozesskennzahlen.
h.) Rolle der Digitalisierung:
Die Digitalisierung spielt heute und auch zukünftig eine große Rolle. Die große Hoffnung aller interviewten Personen ist, dass mit der Digitalisierung bestimmte Informationen automatisiert zur Verfügung gestellt werden können. Aktuell wird im Personalcontrolling noch sehr viel händisch gearbeitet. Er wird eine Arbeitserleichterung, eine Steigerung der Qualität der Daten und eine erhöhte Geschwindigkeit bei der Bereitstellung der Daten erwartet.

K5: Personalkennzahlen
a.) ExpertInnenmeinung zu Personalkennzahlen:
Es gibt Personalkennzahlen, die wenig Aussagekraft haben, die sich jedoch über Jahre etabliert haben, die aber häufig keine Erklärung zur Verfügung stellen. Es ist zu überlegen, sich von diesen zu trennen. Dabei wird es sich weiter dynamisieren und die Frage ist, ob Personalkennzahlen ausreichen oder das Personalcontrolling sich mehr mit den eigentlichen Fragestellungen der Personalarbeit an sich auseinandersetzen muss.Außerdem sollte es fest definierte, standardisierte Personalkennzahlen geben, um eine Vergleichbarkeit zwischen verschiedenen Häusern zu ermöglichen. Eine Standardisierung wäre auch wichtig für alle Hierarchieebenen.Krankenhauswesen ist Dienstleistungsgeprägt durch mehr als 70 % an Personal. Diese Menge an Personal erklärt, welche Bedeutung das Personalcontrolling und die Personalkennzahlen im Sinne der Steuerung im Krankenhausumfeld haben.
b.) Kennzahlen in / für der / die Personalarbeit selbst:
Diese sind sehr wichtig, im Sinne von Qualität und Quantität der Personalarbeit an sich. Auch in Bezug auf die Personaldaten, wenn die Vollständigkeit nicht gegeben ist oder die Qualität nicht gegeben ist, hängt ggf. der weitere Prozess. Wenn die Prozesse in der Personalabteilung nicht gut sind und dort auch nicht gesteuert und gemonitort wird, dann wirkt sich das auf das Gesamtunternehmen aus, gerade bei einem Dienstleister wie einem Krankenhaus. Kennzahlen der Personalarbeit wären deshalb wünschenswert, jedoch sind sie teilweise schwierig zu erheben, insbesondere Prozesskennzahlen. Aufwand und Nutzen müssen dabei im Verhältnis stehen, gerade deshalb sind sie nicht so etabliert. Die wenigen Kennzahlen der Personalarbeit werden nicht permanent und systematisch erfasst. Vorwiegend, weil die Daten nicht automatisiert vorliegen bzw. nicht in einem System erfasst werden. Es ist damit ein zusätzlicher Aufwand für die Personalabteilung.

c.) Entscheidungen auf Basis von Personalkennzahlen:
Grundsätzlich werden Entscheidungen auch auf Basis von Personalkennzahlen getroffen. Beispiele dafür sind:

- Betriebswirtschaftliche Leistung im Verhältnis zu Personal → Entscheidungen zu Personalzuführung oder gleichbleibenden Personal oder Personalkürzung auf Basis von Leistungskennzahlen
- Gespräche mit KlinikdirektorInnen zum Überstundenmanagement auf Basis von Überstundenauswertungen
- Gesprächsbedarfe für Interventionen bei sich ändernden Kennzahlen → Nachfragen, Coaching und Teambildung auf Basis von Veränderungen in Mitarbeitendenzufriedenheitsbefragungen oder Gesundheits- und Krankenquoten

d.) Benchmarks in der Branche:
Benchmarks in der Branche finden eher selten bzw. gelegentlich statt. Hauptgrund ist die begrenzte Vergleichbarkeit aufgrund fehlender Standardisierung der Kennzahlen. Weiterhin sind die Krankenhäuser sehr unterschiedlich organisiert, sodass das selten vergleichbar ist. Gut vergleichbar hingegen sind z. B. Qualitätskennzahlen im ärztlichen Dienst. Es gilt somit, gezielt mögliche Vergleichbarkeiten zu finden und zu nutzen. Klinikketten haben den Vorteil der verschiedenen Standorte und damit die Möglichkeit, intern zu vergleichen. Bekannt ist diese Vorgehensweise z. B. bei dem privaten Träger Helios.
e.) Besonders wertvolle Personalkennzahlen am jeweiligen Haus:

- Vollzeitkräfte, Köpfe, Kosten → Anteil Vollzeitäquivalente (%), Gesamtzahl der Mitarbeitenden (Anzahl), Personalkostenanteil am Budget (%)
- Abwesenheitsquoten → Abwesenheitsrate (% der Sollarbeitszeit)
- Fluktuationsquoten → Mitarbeiterfluktuation (% pro Jahr)
- Personaldurchschnittsquoten, Personalaufwandsquoten → Durchschnittliche Personalbesetzung (Anzahl), Personalaufwand pro Leistungseinheit (%)
- Auszahlung von Stunden, Überstunden generell → Anteil bezahlter Überstunden an Gesamtarbeitszeit (%)
- Qualifikations-Mix der Pflegekräfte → Anteil qualifizierter Pflegekräfte (z. B. % mit Fachweiterbildung)
- fachärztliche Fortbildungsverpflichtung → Anteil der Fachärzte, die Fortbildungsverpflichtungen erfüllen (%)

- Pflegepersonaluntergrenzen → Erfüllungsquote der Pflegepersonaluntergrenzen (%)

f.) Rückfragen in Fachabteilungen bei Auffälligkeiten:

Das Personalcontrolling selbst oder übergeordnete Führungskräfte wie z. B. Departementleitungen hinterfragen grundsätzlich Auffälligkeiten der Personalkennzahlen in den betroffenen Bereichen. Grund der Nachfrage ist: Erklärungen für die Abweichungen zu finden und die richtigen Schlüsse daraus ziehen zu können.

g.) Erfassung Prozesskennzahlen Personalabteilung:

Die Antworten waren sehr heterogen von gar nicht über gelegentlich bei Problemen bis hin zu regelmäßigen Erfassungen, um Prozesse zielgerichtet zu verbessern. Damit scheint die Thematik vom jeweiligen Reifegrad der Personalabteilung an sich abzuhängen sowie wie wichtig die Thematik angesehen wird.

h.) Erhebung qualitativer Personalkennzahlen:

Die Antworten waren ebenfalls heterogen von gar nicht bis regelmäßig. Wobei als Beispiel am häufigsten die Austrittsgespräche und die Mitarbeitendenzufriedenheit genannt wurden. Was wiederrum durch die Fachkräftesituation erklärt werden kann. Es liegt nahe, dass die quantitativen Erhebungen immer noch stark gegenüber den qualitativen Erhebungen bevorzugt werden. Ursächlich, weil quantitative Daten leichter erhebbar und auswertbar sind.

i.) Anpassung der Personalkennzahlen und Ursachen:

Anpassungen erfolgen immer wieder. Ursachen sind Anforderungen durch die oberste Führung, das Zentralcontrolling oder vermehrte Nachfragen nach bestimmten neuen Kennzahlen. Weiterhin bei gesetzlichen Änderungen und Strategieänderungen, Änderung der Unternehmensziele, teilweise externe Ansprüche und die Fortentwicklung bestehender Kennzahlen.

K6: Strategie und Kennzahlen

a.) Unternehmensstrategie vorhanden:
Überwiegend ist eine Unternehmensstrategie vorhanden.

b.) Anwendung der Personalkennzahlen im Kontext der Unternehmensstrategie:
Überwiegend werden die Personalkennzahlen im Kontext der Unternehmensstrategie angewendet bzw. verwendet.

c.) Medizinstrategie vorhanden:
Überwiegend ist eine Medizinstrategie vorhanden.

d.) Personalstrategie aus der Medizinstrategie abgeleitet:
Überwiegend werden personalstrategische Elemente aus der Medizinstrategie abgeleitet. Eine ganzheitliche Ableitung gibt es nicht bzw. differieren die Aussagen der interviewten Personen aus dem gleichen Haus.

e.) Personalkennzahlen aus der Personalstrategie abgeleitet:
Teilweise werden die Personalkennzahlen aus den bestehenden Strategien abgeleitet. Häufig entwickeln sie sich aber auch aus ad hoc – Anfragen und Veränderungsbedarfen. Immer wieder wurde in allen Strategiefragen angeführt, dass die Notwendigkeit erkannt wurde, aber das Haus noch nicht so weit ist.

f.) Notwendigkeit, neue Schwerpunkte für aussagekräftige Personalkennzahlen zu definieren:
Alle interviewten Personen sehen eine Notwendigkeit neue Schwerpunkte für Aussagekräftige Personalkennzahlen zu definieren. Beispiele dafür werden gesehen in:

- Sich verändernden Rahmenbedingungen. Diese können sich gesetzlich verändern oder Veränderungen der Weiterbildungsordnungen und bestimmte strukturelle Anforderungen.
- Strategische Sicht und eher im Bereich der qualitativen Kennzahlenermittlung.
- Die Krankenhausstrukturreform wird neue Personalkennzahlen verlangen, da der bisher eindeutige Bezug zwischen Leistung und Personal nicht mehr bestehen wird durch die Vorhaltepauschalen etc.
- Richtung der Personalentwicklung: Wie kann derjenige das, was er leisten kann in die persönliche Weiterentwicklung umsetzen. Wie ist einschätzbar, welchen Reifegrad das jeweilige Team hat. Ermittlung des Risikos von Familiengründung in begrenzten Ausschnitten, daraus entstehende Fehlzeiten. Es geht dabei viel um Belastung, Zufriedenheit und ist das Potenzial ausgeschöpft bzw. wie soll es ausgeschöpft werden.

Details der Analyse und Ergebnisse - Quantitative Analyse der Likert Skala

Wie in Abschnitt „Daten-Analysen – Methode" angerissen, sind wegen der geringen Anzahl an Daten die Ergebnisse nicht repräsentativ, jedoch geben sie eine Tendenz wieder und untermauern das Gesagte der qualitativen Erhebung. Tabelle 5.1 zeigt das Ergebnis des Cronbachs Alpha auf.

Tabelle 5.1 Ergebnis Cronbachs Alpha. (Eigene Darstellung)

Reliabilitätsstatistiken	
Cronbachs Alpha	Anzahl der Items
0,955	17

Ein Cronbachs Alpha von 0,955 deutet auf eine hohe interne Konsistenz der Skala hin. Dies bedeutet, dass die Items in der Skala sehr gut miteinander korrelieren und gemeinsam das zugrunde liegende Konstrukt zuverlässig messen.

Tabelle 5.2 zeigt im Gesamtergebnis der Auswertung der Gruppen zueinander an, das die Vorstände / Geschäftsführungen in der Beantwortung der einzelnen Fragen positiver als die Personalleitungen / das Personalcontrolling antworteten. Dieser Trend bestätigt sich auch im Vergleich der Einzeldaten.

Tabelle 5.2 Vergleich der interviewten Gruppen. (Eigene Darstellung)

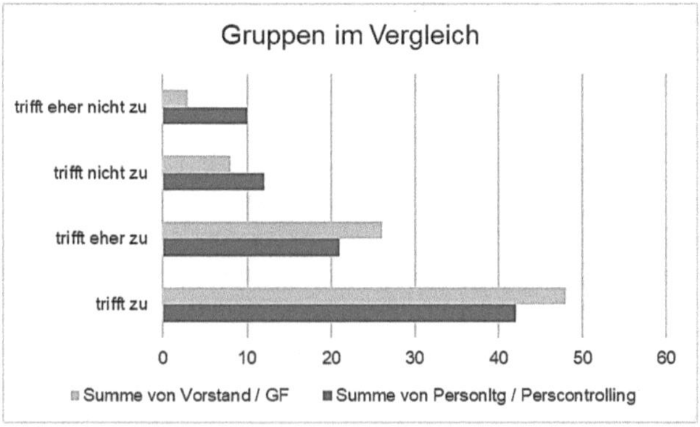

Es gab einen signifikanten Unterschied bei der Beantwortung der Frage 10: „Werden neben quantitativen Personalkennzahlen auch regelmäßig qualitative Personalkennzahlen erhoben?" Es ist jedoch davon auszugehen, dass dieser Unterschied eher auf die Unkenntnis bzw. genaue Kenntnis der jeweiligen Gruppe zum Sachverhalt zurückzuführen ist. Die entsprechenden Daten sind in Tabelle 5.3 abgebildet.

Tabelle 5.3 Signifikanter Unterschied bei Frage 10. (Eigene Darstellung)

Test bei unabhängigen Stichproben											
		Levene-Test der Varianzgleichheit		t-Test für die Mittelwertgleichheit							
						Signifikanz		Mittlere Differenz	Differenz für Standardfehler	95% Konfidenzintervall der Differenz	
		F	Sig.	T	df	Einseitiges p	Zweiseitiges p			Unterer Wert	Oberer Wert
F10 Werden neben quantitativen Personalkennzahlen auch regelmäßig qualitative Personalkennzahlen erhoben?	Varianzen sind gleich	2,057	0,189	2,846	8	0,011	0,022	1,800	0,632	0,342	3,258
	Varianzen sind nicht gleich			2,846	5,369	0,017	0,033	1,800	0,632	0,207	3,393

Mit der T-Test-Analyse werden die Gruppenunterschiede geprüft. Insgesamt wurden 294 Zeilen mit verschiedenen statistischen Werten erfasst. Es wurden Gruppenstatistiken für verschiedene Variablen berechnet. Die Mittelwerte und Standardabweichungen für verschiedene Gruppen lagen im Bereich von 0 bis 5. Durch die Berechnung der Mittelwerte und Standardabweichungen konnte festgestellt werden, dass es signifikante Unterschiede zwischen den Gruppen gab, insbesondere zwischen „Personalleitung" und „Kfm. Vorstand/Geschäftsführung" in Bezug auf die erhobenen Kennzahlen.

Alle Detailergebnisse der quantitativen Analyse sind im Anhang F im elektronischen Zusatzmaterial einsehbar.

Zusammenfassung der Ergebnisse

In diesem zweiten empirischen Teil wurden mit der zusammenfassenden qualitativen Inhaltsanalyse nach Mayring die Interviews strukturiert reduziert. Dopplungen oder nicht relevante Anmerkungen wurden in der 2. Reduktion gestrichen, um die Details der Datenanalyse und deren Ergebnisse zusammengefasst zu erhalten. Außerdem wurden die Ergebnisse der quantitativen Analyse aus den Fragebögen zusammengefasst dargestellt und in das Gesamtergebnis integriert.

Die EmpfängerInnen der Kennzahlen gehen von der obersten Leitung, über das gesamte Management bis hin zu einzelnen Mitarbeitenden. Die Daten werden vorwiegend zur Steuerung des Unternehmens und zur Prozessanalyse bei einzelnen Auffälligkeiten genutzt, aber auch für Gesprächsführungen mit dem Management. Die Kennzahlen selbst sind wenig strategieorientiert.

Die Zukunft wird für das Personalcontrolling als wachsender Bereich gesehen, da das Fachpersonal immer schwerer zu rekrutieren ist, gleichzeitig durch den Dienstleistungscharakter sehr viel Personal vorgehalten werden muss und damit dies der größte Kostenblock eines Krankenhauses ist. Deshalb sind über die Datenanalysen neue Strategien an den Häusern zu entwickeln, um das Personal zu halten, gesund zu erhalten, zu motivieren möglichst bis an das Arbeitsende den Beruf auszuüben sowie auch im Beruf zu bleiben.

Als Chance zur Unterstützung der Aufgaben im Personalcontrolling wird die Digitalisierung wahrgenommen. Dabei wird neben dem hohen Automatisierungsgrad immer wieder der Einsatz von künstlicher Intelligenz vorhergesagt, um schnell und zuverlässig Daten generieren zu können sowie diese bereits (vor)interpretiert zu erhalten. Ursächlich liegt dies daran, dass im Personalcontrolling noch sehr viele Daten händisch aufgebaut und zusammengeführt werden. Sehr verbreitet und in großer Nutzertiefe wird Excel verwendet / angewendet. Dies für die Auswertungen und das Berichtswesen. Einige Häuser haben für ihr Berichtswesen ein Data Warehouse in Anwendung oder es befindet sich im Aufbau. Die datenliefernden Systeme sind überwiegend SAP, SP-Expert und andere Dienstplanprogramme. Teilweise kommunizieren die Systeme über Schnittstellen, oft werden jedoch manuell die Daten in Excel oder das Data Warehouse geladen, weiterverarbeitet und ausgegeben. Es wird davon ausgegangen, dass die Arbeitsaufgaben der PersonalcontrollerInnen sich verschieben und komplexer werden, insbesondere wegen der wachsenden Dokumentationspflichten durch die G-BA-Vorgaben und deren Strukturanforderungen.

Personalkennzahlen sind ein wichtiges Instrument für die Steuerung der Kliniken und sie werden weitreichend für Entscheidungen eingesetzt, wie z. B. bei Einstellungsentscheidungen, im Überstundenmanagement, der Prävention von Fluktuation und Krankheit. Bei den Personalkennzahlen gibt es jedoch auch Kennzahlen, die wenig Aussagekraft haben, die sich jedoch über Jahre etabliert haben. Es ist zu überlegen, sich von diesen zu trennen. Personalkennzahlen werden sich weiter dynamisieren und den Bedürfnissen des Hauses sowie den gesetzlichen Anforderungen anpassen. Fraglich ist, ob sie so ausreichen oder das Personalcontrolling sich mehr mit den eigentlichen Fragestellungen der Personalarbeit an sich auseinandersetzen muss. Dies passiert bisher nicht im ausreichenden Maß. Außerdem sollte es fest definierte, standardisierte Personalkennzahlen geben, um eine Vergleichbarkeit zwischen verschiedenen Häusern zu ermöglichen. Diese Standardisierung wäre auch wichtig für alle Hierarchieebenen und würde die Glaubhaftigkeit der Kennzahlen steigern. Grundsätzlich könnten dafür die HRC 10 – Kennzahlen in Anwendung kommen und damit auch ein Benchmark über die Krankenhäuser erleichtern.

Im Zusammenhang mit der Thematik Strategie werden Personalkennzahlen noch zu wenig angewendet. Teilweise auch, weil die Kliniken nur in Jahreszyklen denken und es nicht immer eine abgestimmte, niedergeschriebene und veröffentlichte Unternehmensstrategie, Medizinstrategie und Personalstrategie gibt. Das scheint jedoch im Wandel zu sein. Zumindest wird aktiv der Weg beschritten, diese Strategien zu entwickeln.Tabelle 5.4 fasst die wesentlichen Erkenntnisse des vorabgeschriebenen Textes prägnant zusammen.

In der Tabelle 5.5 sind alle Ergebnisse der qualitativen Analyse, die sich tabellarisch erfassen lassen, dargestellt. Dabei ist eine Bewertung zum Status mit Plus und Minus in der Anzahl einmal bis dreimal angegeben. Dreimal Plus oder Minus ist die höchste Bewertung im positiven / negativen Sinne. Einmal Plus oder Minus ist die niedrigste Bewertung im positiven / negativen Sinne. Null bedeutet keine Bewertung in der Form möglich, sondern verbal beschrieben.

Die Ergebnisse der quantitativen Analyse aus denselben Fragebögen sind, wie im Abschnitt „Daten-Analysen – Methode“ angerissen, wegen der geringen Anzahl an Daten nicht repräsentativ, jedoch geben sie eine Tendenz wieder und untermauern das Gesagte der qualitativen Erhebung. Somit ist diese Auswertung nicht als unnötig, sondern als ergänzend anzusehen und bestätigt außerdem die Geeignetheit des Fragebogens. Das wiederum wirkt sich positiv auf die Aussagekraft dieser Dissertation aus.

Im Vergleich zur aktuellen Studienlage fügen sich die Ergebnisse der vorliegenden Untersuchung zu Personalkennzahlen und Personalcontrolling in deutschen Maximalversorger-Krankenhäusern in öffentlicher Trägerschaft gut ein und bestätigen zahlreiche frühere Befunde, weisen jedoch auch spezifische Unterschiede und neue Akzente auf.

Frühere Untersuchungen, wie das HR-Panel 2010 in Österreich (Covarrubias Venegas et al., 2010), zeigten bereits die Notwendigkeit eines verstärkten Einsatzes von Personalcontrolling mit einem wachsenden Fokus auf Steuerung, Strategie und Unterstützung der Geschäftsführung. Auch diese Studie hob die vorherrschende Ausrichtung auf quantitative, vergangenheitsorientierte Daten hervor, was mit den Befunden der aktuellen Untersuchung übereinstimmt, in der die vorwiegend finanzorientierten Personalkennzahlen und deren geringe strategische Nutzung betont werden.

Tabelle 5.4 Prägnante Zusammenfassung der wesentlichen Erkenntnisse. (Eigene Darstellung)

Thema	Wesentliche Erkenntnisse
Methodik der Analyse	Qualitative Inhaltsanalyse nach Mayring: Daten strukturiert reduziert, Dopplungen und irrelevante Anmerkungen gestrichen; Ergebnisse aus qualitativer und quantitativer Analyse integriert.
Empfänger der Kennzahlen	Reichen von oberster Leitung über Management bis zu einzelnen Mitarbeitenden; Nutzung vorwiegend zur Steuerung und Prozessanalyse sowie für Gespräche im Management.
Strategische Ausrichtung	Kennzahlen sind aktuell wenig strategieorientiert; strategische Nutzung wird als verbesserungswürdig eingeschätzt.
Herausforderungen Personalcontrolling	Fachkräftemangel, hoher Personalbedarf durch Dienstleistungscharakter, großer Kostenblock; Notwendigkeit neuer Strategien zur Mitarbeiterbindung und Gesundheit.
Digitalisierungspotenzial	Digitalisierung und KI werden als Chancen gesehen, um Daten schneller und zuverlässiger zu generieren; derzeit noch viele manuelle Datenprozesse, häufig Excel-Nutzung.
Systemlandschaft	Nutzung von SAP, SP-Expert, Dienstplanprogrammen; Schnittstellen teilweise vorhanden, manuelle Datenübertragung.
Entwicklung der Aufgaben	Personalcontroller-Arbeit wird komplexer, insbesondere durch wachsende Dokumentationspflichten (z. B. G-BA-Vorgaben).
Qualität der Kennzahlen	Einige etablierte Kennzahlen haben geringe Aussagekraft; Standardisierung und Dynamisierung sind erforderlich; HRC 10 als möglicher Standard.

(Fortsetzung)

Tabelle 5.4 (Fortsetzung)

Thema	Wesentliche Erkenntnisse
Bedeutung der Kennzahlen	Wichtige Instrumente für Entscheidungen z. B. bei Einstellungen, Überstundenmanagement, Fluktuations- und Krankheitsprävention.
Strategische Nutzung	Noch unzureichende Verknüpfung mit Unternehmens-, Medizin- und Personalstrategie; Entwicklung von Strategien im Wandel.

Tabelle 5.5 Kategorien und Unterkategorien mit vereinfachter Bewertung der Ergebnisse. (Eigene Darstellung)

Kategorie	K1	K2	K3	K4	K5	K6
Unter-kategorie	Struktur des Controllings und insbesondere des Personal-controllings +++	Wertigkeit des Controllings und insbesondere des Personal-controllings im eigenen Unternehmen ++	Kennzahlen im Allgemeinen	Personalcontrolling	Personalkennzahlen	Strategie und Kennzahlen
a.)			Erhebung generell +++	Eigene Begriffsdefinition 0	ExpertInnenmeinung zu Personalkennzahlen 0	Unternehmensstrategie vorhanden +
b.)			Erhebung von Personalkennzahlen +++	Stellenwert des Personalcontrollings in der zukünftigen betrieblichen Praxis +++	Kennzahlen in / für der / die Personalarbeit selbst --	Anwendung der Personalkennzahlen im Kontext der Unternehmensstrategie +
c.)			Beispiele der am häufigsten genutzten Kennzahlen im eigenen Haus 0	Kernaufgaben des Personalcontrollings 0	Entscheidungen auf Basis von Personalkennzahlen ++	Medizinstrategie vorhanden +
d.)			IT-Systeme zur Datenermittlung, Kennzahlenerstellung 0	Anzahl der PersonalcontrollerInnen ++	Benchmarks in der Branche --	Personalstrategie aus der Medizinstrategie abgeleitet +
e.)			Wichtigste Kennzahlen für ein Krankenhaus 0	Notwendigkeit zur Aufstockung von PersonalcontrollerInnen ++	Besonders wertvolle Personalkennzahlen am jeweiligen Haus 0	Personalkennzahlen aus der Personalstrategie abgeleitet +
f.)			EmpfängInnen der Kennzahlen 0	Veränderungen im Personalcontrolling durch Pandemie, Krieg und Fachkräftemangel ++	Rückfragen in Fachabteilungen bei Auffälligkeiten +++	Notwendigkeit, neue Schwerpunkte für aussagekräftige Personalkennzahlen zu definieren +++
g.)			Nutzung der Kennzahlen 0	Deshalb Anpassung der Kennzahlen als notwendig gesehen ++	Erfassung Prozesskennzahlen Personalabteilung +	
h.)			Grenzen von Kennzahlen 0	Rolle der Digitalisierung +++	Erhebung qualitativer Personalkennzahlen --	
i.)			Strategieorientierte Kennzahlen ---		Anpassung der Personalkennzahlen und Ursachen +++	
j.)			Nutzen von Kennzahlensystemen generell 0			

Die Studie „Personalcontrolling 2020" in der DACH-Region (Wickel-Kirsch & Jäger, 2020) bestätigt, dass Personalcontrolling weiterhin eine Randdisziplin darstellt und nur wenige Kennzahlen systematisch erhoben werden. Dies deckt sich mit den Aussagen der Krankenhausstudie, in der die Kennzahlen wenig strategieorientiert eingesetzt werden und neue Themen wie HR-Analytics oder Human Capital Reporting noch kaum Praxisrelevanz besitzen.

Die Masterarbeit von Sandholzer (2022) weist starke Parallelen auf: Auch dort werden klassische, finanzbasierte Kennzahlen genutzt, qualitative Personalkennzahlen fehlen weitgehend. Ebenso wird ein wachsender Stellenwert von Personalcontrolling prognostiziert, vor allem im Kontext des demografischen Wandels. Die vorliegende Studie bestätigt diese Entwicklung im Krankenhauskontext und hebt zusätzlich die Herausforderungen durch den Fachkräftemangel und die Kostenintensität des Personals hervor.

Die strategische Dimension des Personalcontrollings bleibt jedoch in vielen Organisationen, wie auch in der Studie „HR in der Crunchtime" (Jochmann & Stein, 2023) und den Untersuchungen zum Controlling im deutschen Krankenhaussektor (Crasselt et al., 2019; Crasselt et al., 2023; Crasselt et al., 2025), unausgereift. Die vorliegende Analyse zeigt, dass Krankenhäuser zwar beginnen, Strategien zu entwickeln, jedoch häufig nur in Jahreszyklen und mit wenig integrierter Personal- und Unternehmensstrategie arbeiten.

Besonders bemerkenswert ist die Übereinstimmung mit den Studien von Crasselt et al. (2019, 2023), die eine langsame Veränderung des Berufsbildes von Controllern beschreibt sowie das vorhandene Digitalisierungspotenzial. Auch die aktuelle Untersuchung verdeutlicht, dass viele Daten noch manuell verarbeitet werden und Digitalisierung sowie Künstliche Intelligenz als große Chancen für das Personalcontrolling gesehen werden.

Insgesamt zeigt der Vergleich, dass der Reifegrad des Personalcontrollings in Krankenhäusern der Maximalversorgung in öffentlicher Trägerschaft grundsätzlich dem Niveau anderer Branchen entspricht. Angesichts der aktuellen Krankenhausreform, die eine stärkere Steuerung, Effizienzsteigerung und Transparenz vor allen bei den personelle Strukturanforderungen fordert, wird jedoch deutlich, dass eine intensivere Standardisierung und eine systematischere Nutzung von Personalkennzahlen unabdingbar sind. Nur durch eine verbesserte strategische Verankerung des Personalcontrollings können Krankenhäuser die Anforderungen der Reform in Zukunft erfüllen.

Die vorliegende Studie trägt mit ihrem spezifischen Fokus auf Krankenhäuser dazu bei, diese Herausforderungen praxisnah zu adressieren. Sie zeigt konkrete Empfehlungen auf, wie das Personalcontrolling weiterentwickelt und besser auf die komplexen organisatorischen und regulatorischen Anforderungen der Krankenhausreform abgestimmt werden kann. Insbesondere unterstreicht sie die Bedeutung einer stärkeren Integration von Personalkennzahlen in die Unternehmensstrategie, um Personalressourcen gezielter zu steuern und langfristig die Leistungsfähigkeit und Nachhaltigkeit der Kliniken zu sichern.

6 Schlussfolgerungen und Empfehlungen

Das Kapitel 6 gibt eine Zusammenfassung der Ergebnisse durch die Beantwortung der drei Forschungsfragen wieder. Schlussfolgerungen und Handlungsempfehlungen aus der Dissertation werden an die Zielgruppe oberste Leitungen und Personalleitungen / das Personalcontrolling in deutschen Krankenhäusern der Maximalversorgung in öffentlicher Trägerschaft ausgegeben. Nach der Diskussion der Ergebnisse in Bezug auf die Generalisierbarkeit schließt das Kapitel mit Empfehlungen für die weitere Forschung.

Zusammenfassung der Ergebnisse – Beantwortung der Forschungsfragen

Forschungsfrage 1

Welchen Stellenwert, Fokussierung und Entwicklungsstand haben Personalkennzahlen in Organisationen?

Eine Organisation ohne strukturierte normative, strategische und operative Führung kann nicht wachsen und gedeihen. Der Stil der Führung beeinflusst erheblich die Motivation und Kreativität der Mitarbeitenden. Die Führung wiederum benötigt in allen drei Ebenen Informationen, um zielgerichtet steuern zu können. Diese kommen maßgeblich aus Zahlen, Daten und Fakten, welche das Controlling sammelt, zusammenstellt, interpretiert, liefert und als Sparringspartner mit dem Management diskutiert. Dabei macht das Controlling in diesem Kontext auch auf Risiken aufmerksam. Damit das möglich wird, ist es essenziell, dass Kennzahlen spezifisch für die Branche und das Unternehmen identifiziert, definiert und beschrieben werden. Nur so sind sie glaubhaft, akzeptiert und finden

B. Wark, *Kennzahlen als Steuerungsinstrument des Personalcontrollings*,
https://doi.org/10.1007/978-3-658-51104-3_6

Eingang in die Gedanken, um im weiteren Verlauf einen entsprechenden Maßnahmenkatalog für Optimierungsmaßnahmen abzuleiten. Ebenso werden sie für strategische Veränderungen bzw. Weiterentwicklungen genutzt.

In Bezug auf das Personalcontrolling ist die Entwicklung nicht auf dem Stand, auf dem diese Spezialisierung sein sollte. Die Studien zeigen auf, dass das Personalcontrolling zu operativ und zu stark finanzorientiert ist. Außerdem wird zu selten die eigentliche Personalarbeit abgebildet. Es gibt viel Literatur, wie ein Personalcontrolling mit welchen Kennzahlen aufgestellt sein sollte. Doch die wenigen Studien zeigen nur eine zaghafte Entwicklung in die gewollte Richtung. Das hat auch Auswirkungen auf die Personalkennzahlen bzw. die Weiterentwicklung der Personalkennzahlen, die dann ebenfalls oft nur operativ und finanzorientiert sind. Anpassungen geschehen dann nur dahingehend bzw. aus neuen gesetzlichen Anforderungen heraus.

Aus den Studien und der Literatur lässt sich die Beantwortung der ersten Forschungsfrage ableiten:

- Der Wertigkeit und der Fokus liegen häufig auf finanzwirtschaftlichen Personalkennzahlen (Crasselt et al., 2019; Beck, 2021).
- Das Vorhandensein von Personalkennzahlen erbringt einen Vorteil, dabei ist eine kluge Auswahl branchen- und im speziellen unternehmensspezifisch notwendig (Wienkamp, 2020).
- Personalkennzahlen sollten auch in allererster Linie die Personalarbeit an sich abbilden (Gerlach, 2022).
- Das Personalcontrolling ist häufig wenig entwickelt, was entsprechende Auswirkungen auf die Personalkennzahlen hat (Wickel-Kirsch, 2018; Wickel-Kirsch & Jäger, 2020; Busse et al., 2022).
- Das Personalcontrolling ist zu operativ, was Auswirkungen auf die strategischen Personalkennzahlen hat (Busse et al., 2022).
- Insbesondere der Klinikbetrieb reagiert häufig in der Anpassung der Kennzahlen nur auf eine geänderte gesetzliche Lage (Nemmer & Schuster, 2022; Weiner, 2022).

Die Studienlage hat auch aufgezeigt, dass sich die meisten Personalleitungen der Situation bewusst sind und zumindest planen, in näherer Zukunft eine Verbesserung herbeizuführen. Eine jüngere Studie von Sandholzer (2022) ermittelte in ExpertInneninterviews in Großbetrieben des Vorarlbergs (Österreich), dass die interviewten Personen den Mehrwert von Personalkennzahlen inzwischen erkannt haben und Projekte zur Etablierung eines Personalcontrollings und entsprechenden Kennzahlen initiiert haben. Dabei wird gesehen, dass die klassischen

Personalkennzahlen weiter Bestand haben, jedoch um neue Kennzahlen erweitert werden müssen (Sandholzer, 2022).

Forschungsfrage 2

Wie ist die Situation speziell an deutschen Krankenhäusern der Maximalversorgung in öffentlicher Trägerschaft?

Das Personalcontrolling mit den entsprechenden Kennzahlen und den Kennzahlensystemen ist heute ein fester Bestandteil im Controlling-Konstrukt von Krankenhäusern der Maximalversorgung in öffentlicher Trägerschaft in Deutschland. Dabei wird dem Controlling an sich sowie dem Personalcontrolling ein hoher Wertigkeit anheimgestellt, jedoch empfinden es die Controllingbereiche oft selbst nicht so. Häufig sind sie nur in das operative Tagesgeschäft einbezogen, erhalten viele Informationen zu spät und sind gelegentlich auch nur der Datenlieferant und nicht der tatsächliche Businesspartner, der sie sein sollten.

Die Zukunft wird indes als wachsender Bereich für das Personalcontrolling gesehen, da das Fachpersonal immer schwerer zu rekrutieren ist, gleichzeitig durch den Dienstleistungscharakter sehr viel Personal vorgehalten werden muss und damit der größte Kostenblock eines Krankenhauses ist. Deshalb sind über die Datenanalysen neue Strategien an den Häusern zu entwickeln, um das Personal zu halten, gesund zu erhalten, zu motivieren möglichst bis zum Arbeitsende den Beruf auszuüben sowie auch im Beruf zu bleiben. Als Chance zur Unterstützung der Aufgaben im Personalcontrolling wird die Digitalisierung wahrgenommen. Dabei wird neben dem hohen Automatisierungsgrad immer wieder der Einsatz von künstlicher Intelligenz vorhergesagt, um schnell und zuverlässig Daten generieren zu können sowie diese bereits (vor)interpretiert zu erhalten. Ursächlich liegt dies daran, dass im Personalcontrolling noch sehr viele Daten händisch aufgebaut und zusammengeführt werden. Es wird davon ausgegangen, dass die Arbeitsaufgaben der PersonalcontrollerInnen sich verschieben und komplexer werden, insbesondere wegen der wachsenden Dokumentationspflichten durch die G-BA-Vorgaben und deren Strukturanforderungen.

Bei den Personalkennzahlen gibt es Kennzahlen, die wenig Aussagekraft haben, die sich jedoch über Jahre etabliert haben. Es ist zu überlegen, sich von diesen Kennzahlen zu trennen. Die Personalkennzahlen werden sich weiter dynamisieren. Das Personalcontrolling muss sich jedoch auch mehr mit den eigentlichen Fragestellungen der Personalarbeit an sich auseinandersetzen. Dies passiert bisher nicht im ausreichenden Maß. Außerdem sollte es fest definierte, standardisierte Personalkennzahlen geben, um eine Vergleichbarkeit zwischen verschiedenen Häusern zu ermöglichen. Diese Standardisierung wäre auch wichtig für alle Hierarchieebenen und würde die Glaubhaftigkeit der Kennzahlen steigern.

Die Personalkennzahlen sind ein wichtiges Instrument für die Steuerung der Kliniken und sie werden weitreichend für Entscheidungen eingesetzt, wie z. B. bei Einstellungsentscheidungen, im Überstundenmanagement, der Prävention von Fluktuation und Krankheit. Im Zusammenhang mit der Thematik Strategie werden Personalkennzahlen noch zu wenig angewendet. Teilweise auch, weil die Kliniken nur in Jahreszyklen denken und es keine echte Unternehmensstrategie, Medizinstrategie und Personalstrategie gibt. Das scheint jedoch im Wandel zu sein. Zumindest wird aktiv der Weg beschritten, diese Strategien zu entwickeln.

Forschungsfrage 3

Welche Handlungsempfehlungen können für die Personalleitungen / das Personalcontrolling und die oberste Führung für die MaximalversorgerInnen in öffentlicher Trägerschaft aus den Ergebnissen abgeleitet werden?

Das Denken und Handeln der Häuser sollte sich neben der operativen Führung auch an eine strategische Führung ausrichten und dabei den Zeithorizont und die systematische Vorsteuerung nach Gälweiler (2005) beachten. Damit kann es gelingen, die dauerhafte Lebensfähigkeit des Unternehmens, auch in turbulenten Zeiten, zu steuern und zu sichern (Gälweiler, 2005). Für ein Krankenhaus sind das neben der Unternehmensstrategie vor allem auch die Medizinstrategie und eine sich daraus ableitende Personalstrategie. Aber auch weitere Strategien, wie z. B. eine IT-Strategie, sind wichtige und zukunftsweisende Bausteine im Gesamtkontext der Führung. In der Personalführung ist es heute entscheidend, nicht nur nach Vollzeitkräften und Kosten kurzsichtig zu steuern, sondern auch strategieausgerichtet zu agieren. Insbesondere weil das Fachpersonal nicht ad hoc an Bord geholt werden kann. Dafür braucht es Konzepte aus der Gesamt- bzw. Medizinstrategie heraus, um einzelne Bereiche weiterzuentwickeln.

Dafür braucht es neben einem gut funktionierenden, betriebswirtschaftlichen Controlling / Medizincontrolling insbesondere ein gut ausgestattetes Personalcontrolling. Das beinhaltet sowohl ausreichend Personal wie auch eine entsprechende IT-Infrastruktur. Gemeinsam sollten die oberste Leitung und die Personalleitung / das Personalcontrolling ein operatives und strategisches Kennzahlenportfolio (quantitativ und qualitativ) mit zeitlich hinterlegten Berichtspflichten definieren und die Rechenmodelle ebenfalls gemeinsam abstimmen. Je nach Nutzergruppe kann mit Dashboards oder größeren Datenmengen gearbeitet werden, auch das ist abzustimmen. Weiterhin sollte eine Abteilung festgelegt werden, von der die Personalkennzahlen angefordert werden können und dann folgend ausgeliefert werden. Diese Vorgehensweise stellt eine durchgängige Glaubwürdigkeit der Kennzahlen sicher. Das Personalcontrolling sollte in die Strategieentwicklungen eingebunden werden, grundsätzlich wäre es bei anstehenden Veränderungen frühzeitig zu informieren bzw. als Businesspartner zu nutzen.

Die IT-Landschaft muss entsprechend des vorab festgelegten Personalkennzahlen-Portfolios angepasst ggf. erweitert werden z. B. mit der Einführung eines Data Warehouse. Der Transformationsprozess dahin muss ebenfalls finanziell und personell untermauert werden. Sind viele Daten noch analog vorliegend, kann es lohnend sein, ein Projekt aufzusetzen, um möglichst kurzfristig die erforderlichen Daten in die Systeme einzuspeisen. Auch können die vorliegenden digitalen Daten nicht strukturiert abgelegt sein und deshalb nicht auswertbar sein. Auch dafür ist ein Projekt zielführend. Empfehlenswert ist es, das jeweilige Projekt mit zusätzlichen Ressourcen auszustatten, da diese Arbeiten i. d. R. nicht parallel zum Tagesgeschäft geschafft werden können.

In der Personalabteilung sollten Prozesse etabliert werden, die eine hohe Datenqualität sicherstellen. Dabei ist mit den PersonalcontrollerInnen der Dateninput detailliert abzustimmen und idealerweise die Eingabe über Drop down-Menüs für die Zukunft standardisiert sicherzustellen. Weiterhin ist die eigene Arbeit der Personalabteilung messbar zu machen, indem Prozesskennzahlen für den Bereich definiert werden.

Alle Personalkennzahlen sind einmal jährlich in Abstimmung mit der obersten Leitung auf Sinnhaftigkeit und Verhältnismäßigkeit zu prüfen und ggf. anzupassen.

Über eine Arbeitsgruppe, z. B. den Verband der Universitätsklinika Deutschland könnten die Personalkennzahlen entwickelt und standardisiert werden, damit Kliniken untereinander vergleichbar werden. Diese sind dann für die Branche in Anwendung zu bringen.

Zusätzliche Auswertung

Das Personalcontrolling und die Personalkennzahlen werden von der obersten Leitung zum Teil anders wahrgenommen als von der Personalleitung / dem Personalcontrolling.

Die Analyse bestätigt, dass die Erhebung von Kennzahlen im Personalbereich stark von der jeweiligen Verantwortlichkeit abhängt. Während in der Personalleitung und im Personalcontrolling Kennzahlen häufiger erhoben werden, zeigt sich in der Geschäftsführung eine eher zurückhaltende Nutzung dieser Instrumente. Dies könnte auf unterschiedliche Prioritäten oder ein geringeres Bewusstsein für die Bedeutung solcher Kennzahlen in der Unternehmensstrategie hindeuten. Die Unterschiede zwischen den Gruppen legen nahe, dass eine gezieltere Schulung oder Sensibilisierung der Geschäftsführung für den Nutzen personalbezogener Kennzahlen sinnvoll sein könnte. Zudem könnten organisatorische Barrieren bestehen, die eine umfassendere Nutzung der Kennzahlen erschweren.

Grundsätzlich beurteilt die oberste Leitung die Fragen der Studie viel positiver als die Personalleitungen /das Personalcontrolling. Das ist sowohl aus den Interviews erkennbar als auch aus den Ergebnissen der Likert-Skala gemäß Tabelle 5.2 in Abschnitt „Details der Analyse und Ergebnisse – Quantitative Analyse". Antworten die von den Personalleitungen / dem Personalcontrolling mit „trifft eher nicht zu oder trifft eher zu" beantwortet wurden, sahen oberste Leitungen unter „trifft eher zu oder trifft zu". Das war insbesondere bei den Fragen zu den Themenkomplexen „Kennzahlen im Allgemeinen" und „Strategien und Personalkennzahlen" erkennbar. Das Personalcontrolling sieht sich nur in das operative Tagesgeschäft einbezogen. Sie erhalten viele Informationen zu spät und sind gelegentlich auch nur der Datenlieferant und nicht der tatsächliche Businesspartner, der sie sein sollten. Die Personalbesetzung wird als zu gering für die Fülle der anstehenden Aufgaben angesehen. Wichtiges wie die z. B. die Standardisierung der Eingaben in SAP durch die Personalsachbearbeitungen erfolgt nicht, weil das Tagesgeschäft es nicht zulässt. Was jedoch am Ende des Prozesses viel Arbeit generiert, um das zu bereinigen. Die Wichtigkeit dieser offenen Themen wird von den obersten Leitungen nicht ausreichend wahrgenommen und deshalb erfolgt u. U. keine Verbesserung. Die Notwendigkeit und Wichtigkeit des Personalcontrollings und der Personalkennzahlen ist jedoch bei allen präsent und sieht eine hohe Zukunftsorientierung.

Schlussfolgerungen und praktische Empfehlungen für die Zielgruppe Krankenhäuser der Maximalversorgung in öffentlicher Trägerschaft

Oberste Leitung

Die Fragen aus dem Interviewleitfaden haben einiges an allgemeinen und strukturellen Schwächen in den einzelnen Kliniken in Bezug auf das Personalcontrolling und die Kennzahlen aufgezeigt. Daraus folgend sind abgeleitete Empfehlungen aus den Interviews aufgelistet. In Form einer Checkliste kann jedes Haus diese für sich überprüfen, denn sie bilden die Grundpfeiler für ein funktionsfähiges

Personalcontrolling. Das wiederum ist über diese Maßnahmen in der Lage, ein entsprechendes Portfolio an Kennzahlen nutzerfreundlich zu entwickeln und die dem Management im Rahmen einer Businesspartnerschaft unterstützend zur Seite zu stehen.

- Fehlende Strategien auf- bzw. ausbauen wie z. B. Unternehmensstrategie, Medizinstrategie, Personalstrategie etc.
- Das Personalcontrolling in die Strategieentwicklung einbinden
- Das Personalcontrolling als Businesspartner erkennen und behandeln
- Die personelle Ausstattung im Personalcontrolling den anfallenden und ausstehenden / offenen Aufgaben anpassen
- Die IT-Strukturen und Schnittstellen gemäß den Anforderungen des Personalcontrollings anpassen und einen entsprechenden Transformationsprozess dazu einleiten, einen hohen Automatisierungsgrad anstreben
- Gemeinsam mit dem Personalcontrolling ein Kennzahlen-Portfolio (quantitativ und qualitativ) für das operative und strategische Geschehen des Unternehmens entwickeln und die Berechnungsmodelle dazu abstimmen
- Festlegen, wer welche Daten in welcher Tiefe erhält
- Festlegen, dass Kennzahlen außerhalb der Routine bzw. des Standards als ad hoc – Anfragen nur über den Vorstand angefordert werden können, ggf. priorisieren
- Festlegen, welche Abteilung der Datenlieferant ist und dem Bereich den Rücken stärken, falls Zweifel an den Daten erhoben werden
- Das Personalcontrolling frühzeitig über anstehende Veränderungen informieren und einbinden, auch Rückmeldung und Feedback geben
- Die festgelegte Personalstrategie unterstützen und ggf. Support geben
- Steuernd eingreifen, damit Personalcontrolling permanent seinen Reifegrad steigert

Für eine Standortbestimmung des Personalbereiches inklusive Personalcontrolling empfiehlt es sich, eine Risikoerhebung durchzuführen. Kobi (2021) hat nachfolgende Checkliste, wie in der Tabelle 6.1 dargestellt, zur Überprüfung angeregt.

Personalleitung / Personalcontrolling

Ebenso haben sich aus den Interviews entsprechende Anpassungs- und Veränderungsbedarfe für den Personalbereich selbst und das darin befindliche

Tabelle 6.1 *Standortbestimmung Personalabteilung / Personalcontrolling.* (Eigene Darstellung in Anlehnung an Kobi, 2021, S. 380)

HR-Management	Zielpunktzahl	erreichte Punktzahl	Bewertung
HR-Strategie			50–41 Punkte: kein Handlungsbedarf 31–40 Punkte: Handlungsbedarf 0–30 Punkte: dringender Handlungsbedarf
HR-Strategie in Standards vorhanden	5		
Strategische Ziele umgesetzt	5		
Intrumente / Prozesse			
ausreichend HR-Instrumente verfügbar	5		
Prozessqualität	5		
strategisches Controlling vorhanden	5		
qualitatives Controlling vorhanden	5		
Rollen / Strukturen			
ausreichend qualifizierte HR-Mitarbeitende	5		
Stand Motivation	5		
Stand Flexibilität	5		
Arbeitszufriedenheit	5		
Gesamtpunktzahl	50		

Personalcontrolling ergeben. Im Fall, dass Beides aufgetrennt ist, gelten für die Personalabteilung vor allem die letzten beiden Punkte der Aufzählung. Auch hier kann mittels Checkliste Punkt für Punkt der erforderliche Nachholbedarf erfasst und umgesetzt werden.

- Strategische Entwicklungen begleiten, unterstützen und auf Risiken prüfen Businesspartner der obersten Führung werden
- Mindestens einmal jährlich das Kennzahlen-Portfolio bei der obersten Leitung auf Sinnhaftigkeit und Aussagekraft für die Unternehmenssteuerung hinterfragen, ggf. anpassen
- Entscheidungen auf Basis der festgelegten Kennzahlen vorbereiten, informieren, Risiken aufzeigen

- Berichte zielgruppengerecht aufstellen, Dashboards entwickeln
- Erklären und Verständnis für die Analysen und Ergebnisse schaffen
- Szenarien entwickeln
- Prozesskennzahlen für die Personalabteilung aufstellen mit denen die Arbeit des Bereiches gemessen und bewertet werden kann
- Eine Arbeitsgruppe auf Länder oder gar Bundesebene initiieren bzw. unterstützen, um einen Standard an Kennzahlen für die Branche zu entwickeln, um eine Vergleichbarkeit von Kliniken möglich zu machen
- Permanent am Reifegrad des Bereiches arbeiten, denn durch die Weiterentwicklung des Personalcontrollings hat das auch positive Auswirkungen auf die Personalkennzahlen
- Die Prozesse in der Personalabteilung anhand der Verbesserungspotenziale der Kennzahlen nachsteuern
- Die Prozesse in der Personalabteilung so anpassen, dass zu jeder Zeit eine hohe Datenqualität sichergestellt wird, Standards zu Dateneingaben entwickeln

Die Herausforderungen für die Personalabteilung und das Personalcontrolling eines Krankenhauses ist besonders, weil zunehmend Qualifikationsdaten des ärztlichen Dienstes und der Pflege von verschiedenen Stellen abgefragt werden. Sie bilden einen Teil der Strukturvorgaben des G-BA und werden in Strukturprüfungen durch den Medizinischen Dienst geprüft. Mit dem Krankenhaustransparenzgesetz, welches im Jahr 2024 in Kraft getreten ist, sind weitere neue Informationen in Bezug auf den ärztlichen Dienst hinterfragt. Und auch in der Krankenhausreform sind die Vorgaben im Rahmen der Leistungsgruppen die dafür erforderlichen Strukturen in der Form von Personal und apparativer Ausstattung festzulegen und nachzuweisen, da daran auch die Zuweisung und der Erhalt der Leistungsgruppe und damit auch das Vorhaltebudget geknüpft sind. Das bedeutet, dass eines der Kernthemen ist, die Information strukturiert in das System zu bringen sowie Auslesemöglichkeiten zu schaffen. Aktuell werden für die Strukturprüfungen die Dienstpläne und die Strukturangaben zur Person abgefragt. Beispielsweise wäre deshalb ein eleganter Weg, bei Vorhandensein der Personalsoftware SAP-HCM und dem Dienstplanprogramm SP-Expert über eine bidirektionale Schnittstelle, die notwendigen Strukturinformationen aus dem führenden System SAP-HCM direkt in den Dienstplan zu übertragen. Das vereinfacht sowohl die Dienstplanschreibung, weil bei fehlender Besetzung einer notwendigen fachlichen Struktur dies im Dienstplan sichtbar wird, als auch den Prüfvorgang, weil alle Informationen zusammengefasst vorliegen. Diese Vorgehensweise kann zukünftig deutlich händische Zuarbeit reduzieren. Gleiches ist nutzbar für die notwendigen Reports zur PpUGV und zur PPP-RL. Es ist jedoch ein nicht zu unterschätzendes Projekt, das kosten- und personalintensiv ist, bis das Ziel erreicht ist. Die Auslesemöglichkeiten aus dem führenden System ermöglichen auch weitere Abfragen schneller zu erledigen, wie z. B. Personalabfragen im Qualitätsreport etc.

Die Messung der eigenen Leistung der Personalabteilung abseits der quantitativen Kennzahlen sollte die Ermittlung von Prozesskennzahlen beinhalten. Nachfolgende Tabelle 6.2 zeigt ein Beispiel für Prozesskennzahlen im Rahmen des Einstellungsprozesses.

Tabelle 6.2 *Beispiel für Kennzahlen zum Einstellungsprozess der Personalabteilung.* (Eigene Darstellung)

Einstellungsprozess	Reaktionszeit Bewerbungseingang bis Reaktion Personalabteilung
	Reaktionszeit Bewerbungseingang bis Vorstellungsgespräch
	Reaktionszeit von Vorstellungsgespräch bis Einstellungszusage
	Reaktionszeit von Einstellungszusage bis Bereitstellung Arbeitsvertrag
	Wie viele Bewerbungen gesamt
	Wie viele Bewerbungen pro Anzeige
	Wie viele Einstellungen
	Wie viele Absagen nach Bewerbungsgespräch
	Wie viele Absagen nach Einstellungszusage

Diese Daten geben Auskunft über die Bearbeitungszeiten und Informationen zu den Stellenanzeigen und den Bewerbungsgesprächen. Auf Basis dessen kann bei Auffälligkeiten weitere Ursachenforschung betrieben werden. Das Beispiel ist nicht abschließend und kann so für jeden wichtigen Prozess der Personalabteilung aufgesetzt werden. Damit zeigt die Abteilung zum einem die Arbeitslast im eigenen Bereich auf und sichert die Qualität im eigenen Bereich, da durch die Transparenz an den richtigen Stellen von der Führungskraft nachgesteuert werden kann. Diese Informationen sind auch wichtig im Jahresvergleich, um Entwicklungen besser abschätzen zu können und um damit Prognosen daraus abzuleiten.

Personalkennzahlen im Krankenhaus – Muster und Umsetzungsplanung

Die Krankenhausbuchführungsverordnung schreibt die Gliederung und Buchung des Personals in einem Krankenhaus nach Dienstarten vor.Tabelle 6.3 zeigt die Inhalte der Kontenklasse 6 nach der die Krankenhäuser arbeiten.

Tabelle 6.3 *Kontenklasse 6 der Krankenhausbuchführungsverordnung (KHBV).* (Eigene Darstellung in Anlehnung an Bundesministeriums der Justiz, 2021, S. 16–17)

Kontenklasse 6: Aufwendungen
60 Löhne und Gehälter
6000 Ärztlicher Dienst
6001 Pflegedienst
6002 Medizinisch-technischer Dienst
6003 Funktionsdienst
6004 Klinisches Hauspersonal
6005 Wirtschafts- und Versorgungsdienst
6006 Technischer Dienst
6007 Verwaltungsdienst
6008 Sonderdienste
6010 Personal der Ausbildungsstätten
6011 Sonstiges Personal
6012 Nicht zurechenbare Personalkosten

Nach dieser Gliederung ist auch das Berichtswesen des Personalcontrollings aufgebaut, da so in den Personalwirtschaftssystemen gebucht und dementsprechend die Datenstruktur vorliegt.

Nachfolgende Empfehlungen an Personalkennzahlen sollten also dieser Struktur folgen und entsprechend aufgegliedert für den übergeordneten Bericht ausgegeben werden. Die Datentabellen sind idealerweise so aufgebaut, dass sie bei Bedarf bis auf die einzelne Mitarbeitenden-Ebene Auskunft geben können.

Die Empfehlung ist eine Kombination aus den Erkenntnissen der Interviewergebnisse kombiniert mit den HRC 10 – Kennzahlen, die eine gute theoretische Leitlinie bilden. Diese Zusammenfassung in Tabellenform hat nicht den Anspruch auf Vollständigkeit, sondern sie dient der Orientierung und dem weiteren Ausbau nach den Bedarfen des Hauses, da die InterviewpartnerInnen im Gespräch einen hohen Bedarf an Individualität der Kliniken angezeigt haben. Die Vorschläge der

Tabelle 6.4 und Tabelle 6.5 stellen nach Ansicht der Autorin dieser Dissertation eine Mindestanforderung an Personalkennzahlen dar.

Tabelle 6.4 *KPI für Personal im Krankenhaus.* (Eigene Darstellung in Anlehnung an Scholz & Sattelberger, 2013; Kobi, 2021, S. 370–371)

KPI je Dienstart und Abteilung im Krankenhaus	
Personalaufwand je VK	Personalaufwand/VK
Mitarbeitende in Köpfen	Anzahl
Mitarbeitende in VK	Anzahl
Teilzeitquote in %	(Anzahl TZK*100)/VK
Einstellungen in VK	Anzahl monatlich
Austritte in VK	Anzahl monatlich
Fluktuationsquote in %	(Anzahl Austritte*100)/Köpfe
Geschlechterquote in %	(Männer/Frauen*100)/Köpfe
Führungsspanne	Anzahl
Ausgaben Weiterbildung je Kopf	Gesamtausgaben/Köpfe
Auszubildendenquote	(Anzahl AZ*100)/Köpfe
Übernahmequote in %	(Anzahl Übernahmen*100)/AZ
Fehlzeiten gesamt, einzeln geschlüsselt	Tage und in Prozent inkl. einzelne Angabe der Ursachen
OberärztInnenquote	in Prozent
Durchführungsrate Mitarbeitendengespräche	in Prozent
Ausgaben für Gesundheitsförderung	gesamt in Euro
Überstundenquote	Anteil über der Sollarbeitszeit
Kosten externer Mitarbeitender	Kosten im Verhältnis zu internen Besetzungen

Ein Kernthema in allen Krankenhäusern ist der Fachkräftemangel, deshalb ist es sinnvoll, ein Dashboard nach dieser Thematik aufzubauen, um ggf. den Gesamtprozess verbessern zu können. Weiterhin sollten die Daten im Jahresüberblick zwingend im Kontext der Planung für das Folgejahr und der Strategien des Hauses betrachtet und bewertet werden. Nur so kann rechtzeitig gegengesteuert werden, um die operativen und die strategischen Unternehmensziele zu erreichen.

Zusätzlich kommen noch die erforderlichen Datenermittlungen für die PpUGV, PPP-RL etc. Die Frequenz der Berichterstattung der genannten Daten

Tabelle 6.5 *Weitere wichtige Personalkennzahlen im Krankenhaus.* (Eigene Darstellung in Anlehnung an Scholz & Sattelberger, 2013; Kobi, 2021, S. 370–371)

Weitere Kennzahlen je Dienstart und Abteilung im Krankenhaus	
Personalaufwand gesamt	absoluter Wert
Personalaufwandsquote	(Personalaufwandx100)/Gesamtaufwand
Altersstruktur in %	(Anzahl Köpfe nach Alter pro Intervall*100)/Köpfe
Durchschnittsalter	in Jahren
Gesamtausgaben Weiterbildung	absoluter Wert
Teilnehmendenzahl Weiterbildung in %	(Anzahl Teilnehmende*100)/Köpfe
Führungskräfteentwicklungstage	Tage pro Führungskraft
Auszubildendenzahl	Anzahl
Ausgaben Auszubildende	absoluter Wert
Austrittsgespräch	Anzahl
Konversionsrate nach Austrittsgesprächen in %	Bleibende/Austritte*100
Ursachen Austritte	z. B. Kündigung, Eigenkündigung, Aufhebung usw.
Mitarbeitendenbefragung	Beteiligung, Ergebnisse
Disziplinarmaßnahmen	Anzahl nach Art
Gesundheitsquote in %	(1-(Erkrankte pro Persiode/Köpfe))*100
Anteil Frauen in Führungspositionen	in Prozent
durchschnittliche Dauer einer Einstellung	in Tagen
Austritte im ersten Jahr	Anzahl und in Prozent
Kosten des Gewinnungsprozesses	gesamt in Euro
Kosten pro eingestellten Mitarbeitenden	in Euro
Kosten einer nicht besetzten Stelle	in Euro
Dauer der Einarbeitungszeit	in Monaten
Vakanzenquote	offene Stellen im Unternehmen, pro Facheinheit
Anzahl Rückkehrender	Anzahl an Rückkehrender aus Elternzeit und Langzeitkrank
Kosten für die Personalauswahl pro BewerberIn und pro Vakanz	Prozesskennzahl

(Fortsetzung)

Tabelle 6.5 (Fortsetzung)

Weitere Kennzahlen je Dienstart und Abteilung im Krankenhaus	
Kosten des Gesamtprozesses im Verhältnis zur Anzahl der Einstellungen	Prozesskennzahl
Anzahl der Einstellungen im Verhältnis zur Anzahl der Gesamtbewerbungen	Prozesskennzahl
Anzahl der Vorstellungsgespräche im Verhältnis zur Anzahl Bewerbungen	Prozesskennzahl

sollte verbindlich zwischen oberster Leitung und der Personalleitung / dem Personalcontrolling abgesprochen sein und auch regelmäßig überprüft werden. In dem einen oder anderen Haus gibt es große Datenräume mit vielen Daten, die regelmäßig weiter befüllt werden, doch niemand schaut sich die Daten an. Das wiederrum kann zu Unzufriedenheit unter den ControllerInnen führen.

Die Palette der empfohlenen Maßnahmen zur Verbesserung der Kennzahlensituationen im Krankenhausumfeld sind vielfältig und damit ist auch der zeitliche Rahmen für die Optimierungsmaßnahmen je nach Reifegrad des Personalcontrollings sehr unterschiedlich. Grundsätzlich ist jedoch die Basis, neben einer angemessenen personellen Ausstattung, die Bereitstellung der notwendigen Instrumente im Rahmen der IT-Infrastruktur. Krankenhäuser in öffentlicher Trägerschaft sind immer zur Ausschreibung verpflichtet, je nach Ausschreibungsvolumen kann damit das Zeitfenster von Erstellung der Leistungsbeschreibung bis zur Zuschlagserteilung bis zu einem Jahr dauern, ggf. auch länger. Parallel ist der Transformationsprozess für die IT-Veränderungen vorzubereiten. Eine gute Vorbereitung und ein Vordenken der neuen Prozesse kann den eigentlichen Einführungsprozess nach der Zuschlagserteilung verringern. Weiterhin können parallel die zukünftigen Personalkennzahlen zwischen den Beteiligten abgestimmt, die Rechenmodelle verabschiedet und die Berichtszyklen festgelegt werden. Auch die notwendigen Prozessanpassungen in der Personalabteilung sind zu erarbeiten und in den Transformationsprozess zu inkludieren.

Ein Wechsel des Berichtswesens empfiehlt sich immer zum Jahreswechsel. Ein unterjähriger Bruch ist sowohl intern, extern und für den Jahresabschluss nicht zielführend.

Abzuleitende Maßnahmen zusammengefasst aus den Ergebnissen der Likert-Skala

Basierend auf den Ergebnissen der Analyse der Daten aus der Likert-Skala lassen sich ähnliche bzw. ergänzende Maßnahmen ableiten, die vor allem auf Verbesserung von Kommunikation und Zusammenarbeit abzielen.

- Sensibilisierung und Schulung der Geschäftsführung: Durchführung gezielter Workshops zur Bedeutung und Anwendung von Personalkennzahlen. Darstellung konkreter Fallstudien, die den Einfluss von Kennzahlen auf strategische Entscheidungen verdeutlichen.
- Optimierung der Datenerhebung und -nutzung: Standardisierung der Kennzahlenerhebung über alle relevanten Unternehmensbereiche hinweg. Einführung digitaler Dashboards, um die Transparenz und Nutzbarkeit der Kennzahlen zu erhöhen.
- Kommunikationsstrategien verbessern: Förderung des Austauschs zwischen Personalabteilung und Geschäftsführung über die Bedeutung von HR-Kennzahlen. Entwicklung eines regelmäßigen Berichtsformats, das für Führungskräfte verständlich und praxisnah aufbereitet wird.
- Identifikation und Abbau organisatorischer Hürden: Analyse interner Prozesse zur Identifikation von Hindernissen bei der Kennzahlenerhebung. Einführung von Anreizen für Führungskräfte, die Kennzahlen aktiv in ihre Entscheidungsprozesse einbinden.

Reflektion der Wechselwirkungen sowie der Umgang mit Erfolg / Misserfolg im Veränderungsprozess

Abschließend zu allen hier angeführten Handlungs- und Maßnahmenempfehlungen ist zu erwähnen, dass ein standardisierter Prozess der Überprüfung eingeführt werden sollte. Das kann z. B. durch einen kontinuierlichen Verbesserungsprozess in Form des PDCA-Zyklus geschehen.

Der PDCA-Zyklus (Shewhart, 1939; Deming, 1986) ist ein fundamentales Modell für die kontinuierliche Verbesserung und wird vor allem in den Bereichen Qualitätsmanagement und Prozessoptimierung angewendet. Es ist ein iterativer Prozess, der darauf abzielt, durch systematisches Vorgehen langfristige Verbesserungen in einer Organisation zu erreichen. Der PDCA-Zyklus stellt sicher, dass Veränderungen nicht willkürlich oder einmalig erfolgen, sondern auf fundierten, datengestützten Entscheidungen basieren und kontinuierlich optimiert werden.

Dies fördert eine nachhaltige Qualitätsverbesserung, die in einer Vielzahl von Branchen von entscheidender Bedeutung ist.

Nachfolgend eine kurze Einführung in die Thematik zwecks Unterstützung bzw. Anregung im Kontext der Thematik dieser Dissertation, um sich diese Methodik zu eigen zu machen und in Anwendung zu bringen.

Dieser Zyklus besteht aus vier Hauptphasen: plan, do, check, act.

- *Plan (Planen):* In der Planungsphase wird das Problem analysiert, Ziele werden definiert, und es wird eine detaillierte Strategie entwickelt, um die gewünschten Verbesserungen zu erzielen. Hierbei ist es wichtig, die relevanten Daten zu sammeln und die Ursachen für bestehende Probleme zu identifizieren, um auf dieser Basis effektive Lösungen zu entwerfen. In dieser Phase wird auch ein Maßnahmenplan erstellt, der die notwendigen Schritte, Ressourcen und Zeitrahmen umfasst (Deming, 1986). Der traditionelle PDCA-Zyklus wird heute auch in modernisierten Versionen angewendet, wie etwa dem „PDCA 4.0", das digitale Technologien wie IoT und Big Data einbezieht, um die kontinuierliche Verbesserung in der Fertigung und anderen Sektoren zu optimieren (Peças et al., 2021).
- *Do (Durchführen):* Die in der Planungsphase entwickelten Lösungen werden jetzt in der Praxis umgesetzt. Es handelt sich dabei oft um Pilotprojekte oder erste Implementierungen auf kleinerer Ebene, um die Wirkung der Veränderungen zu testen. Während dieser Phase ist es wichtig, die Umsetzung genau zu beobachten und etwaige Probleme frühzeitig zu erkennen, um schnelle Anpassungen vornehmen zu können (Shewhart, 1939). Auch hier zeigt sich die Relevanz des PDCA-Zyklus im digitalen Zeitalter, indem Unternehmen durch den Einsatz moderner Technologien wie der Automatisierung und der Echtzeitdatenanalyse die Umsetzung effizienter gestalten können (Peças et al., 2021).
- *Check (Überprüfen):* In der Überprüfungsphase wird das Ergebnis der Umsetzung anhand der ursprünglich gesetzten Ziele und Messgrößen bewertet. Es erfolgt eine systematische Analyse der gesammelten Daten, um festzustellen, ob die angestrebten Verbesserungen tatsächlich erreicht wurden. Abweichungen von den Zielvorgaben werden identifiziert, und es wird ermittelt, warum die Ergebnisse von den Erwartungen abweichen (Juran, 1999). Neuere Konzepte, wie das FOCUS-PDCA-Modell, erweitern den PDCA-Zyklus und berücksichtigen zusätzliche Schritte, die für die systematische Qualitätsverbesserung in Gesundheitseinrichtungen erforderlich sind (BMC Health Services Research, 2024).

- *Act (Handeln):* In der letzten Phase des Zyklus werden auf Grundlage der Ergebnisse der Überprüfung Entscheidungen getroffen, wie weiter verfahren wird. Wenn die Ergebnisse den Erwartungen entsprechen, wird die Veränderung auf breiterer Ebene implementiert und standardisiert. Falls nicht, erfolgt eine Anpassung der Strategie, und der Zyklus wird erneut durchlaufen, um kontinuierlich nach Verbesserungsmöglichkeiten zu suchen. Dies gewährleistet, dass der Verbesserungsprozess nicht nur einmalig, sondern fortlaufend ist (Deming, 1986). In modernen Anwendungen des PDCA-Zyklus, wie in der Fertigungsindustrie, wird dieser iterative Prozess genutzt, um Fehler zu reduzieren und die Effizienz kontinuierlich zu steigern (Singh & Gandhi, 2024).

Diskussion der Ergebnisse (Generalisierbarkeit bzw. Einschränkungen)

Mit Bezug auf den Titel dieser Dissertation kann die Aussage getroffen werden, das Personalkennzahlen heute ein fester Bestandteil im Controlling-Konstrukt von deutschen Krankenhäusern der Maximalversorgung in öffentlicher Trägerschaft sind. Die Personalkennzahlen sind ein wichtiges Instrument für die Steuerung der Krankenhäuser und sie werden weitreichend für Entscheidungen eingesetzt, wie z. B. bei Einstellungsentscheidungen, im Überstundenmanagement, der Prävention von Fluktuation und Krankheit. Im Zusammenhang mit der Thematik Strategie werden Personalkennzahlen noch zu wenig angewendet. Teilweise auch, weil die Kliniken nur in Jahreszyklen denken und es keine echte Unternehmensstrategie, Medizinstrategie und Personalstrategie gibt. Das scheint jedoch im Wandel zu sein. Zumindest wird aktiv der Weg beschritten, diese Strategien zu entwickeln.

Das Personalcontrolling selbst, als verantwortlich zeichnend für die Personalkennzahlen, ist in der Entwicklung nicht auf dem Stand, auf dem diese Spezialisierung sein sollte. Das haben die Ergebnisse der Interviews aufgezeigt. Auch die aktuelle Studienlage lässt erkennen, dass das Personalcontrolling zu operativ und zu stark finanzorientiert ist. Außerdem wird zu selten die eigentliche Personalarbeit abgebildet. Es gibt viel Literatur, wie ein Personalcontrolling mit welchen Kennzahlen aufgestellt sein sollte. Doch die Ergebnisse der Dissertation und die Studienlage zeigen nur eine zaghafte Entwicklung in die gewollte Richtung. Das hat auch Auswirkungen auf die Personalkennzahlen bzw. die Weiterentwicklung der Personalkennzahlen, die dann ebenfalls oft nur operativ und finanzorientiert sind. Anpassungen geschehen meist nur dahingehend bzw. aus neuen gesetzlichen Anforderungen heraus.

Trotzdem haben sowohl oberste Leitung als auch die Personalleitungen / das Personalcontrolling erkannt, dass es in der weiteren Zukunft ein wachsender Bereich ist, da das Fachpersonal immer schwerer zu rekrutieren ist, gleichzeitig durch den Dienstleistungscharakter sehr viel Personal vorgehalten werden muss und damit der größte Kostenblock eines Krankenhauses ist. Deshalb sind über die Datenanalysen neue Strategien an den Häusern zu entwickeln, um das Personal zu halten, gesund zu erhalten, zu motivieren möglichst bis zum Arbeitsende den Beruf auszuüben sowie auch im Beruf zu bleiben. Die Personalkennzahlen sind dazu ein entscheidender Beitrag bei Planung, Umsetzung und Kontrolle der Strategie und Projekte.

Immer wieder wurden die sich schwer durchführbaren Vergleiche von Krankenhäusern untereinander als fehlende Möglichkeit eines Benchmark benannt. Hintergrund dafür sind die großen Strukturunterschiede. In dem Zusammenhang scheint eine klinikübergreifende Standardisierung der Personalkennzahlen sinnvoll. So etwas könnte z. B. vom Verband der Universitätsklinika Deutschland initiiert und umgesetzt werden.

Vor dem Hintergrund der Krankenhausreform und der Verteilung der Leistungsgruppen, die Strukturen in Form von Ausstattung und Personal vorgeben, könnte es parallel zu einer Vereinfachung bzw. zu einer besseren Vergleichbarkeit von Klinikstrukturen kommen. Trotzdem bleiben beim Vergleichen von z. B. VK die immer gleichen Fragen, was ist in dem Haus eine VK in Anhängigkeit der in dem Haus vereinbarten Arbeitszeit oder z. B. bei den Abwesenheiten, welche Abwesenheiten sind tatsächlich enthalten. Diese Fragestellungen scheinen einfach beantwortbar, doch Antworten stehen im Benchmark häufig nicht direkt zur Verfügung und beim Hinterfragen ergeben sich oft unterschiedliche Annahmen und Berechnungen. Ein erster Schritt wurde aktuell im Koalitionsvertrag von CDU/CSU und SPD (2025) gemacht. Hier wurde das die VK mit 38,5 Wochenstunden im ärztlichen Dienst definiert (CDU/CSU & SPD, 2025). Das ist jedoch zu kurz gedacht, da es sich nur auf eine Berufsgruppe bezieht, Die Klarstellung ist für alle Dienstarten notwendig.

Zusammenfassend ist abzuschließen, dass Personalkennzahlen als Steuerungsinstrument von einer gut funktionierenden Personalcontrolling-Abteilung und deren Reifegrad abhängig sind. Dabei müssen die PersonalcontrollerInnen aber auch noch zielgruppenorientierter die Daten aufsetzen, stärker erklären und unterstützen sowie, sich zu Businesspartnern der obersten Leitung hin entwickeln. Damit können sie den Mehrwert ihrer eigenen Kennzahlen und damit ihrer eigenen Arbeit maßgeblich steigern.

Um jedoch für die Zukunft mit den richtigen Kennzahlen im Kontext der besonderen Herausforderungen die aktuell auf die Krankenhäuser zukommen gerüstet zu sein, ist es lohnend, sich mit den Empfehlungen aus dem Abschnitt „Schlussfolgerungen und praktische Empfehlungen für die Zielgruppe Krankenhäuser der Maximalversorgung" intensiv auseinander zu setzen und die notwendigen Anpassungsmaßnahmen einzuleiten.

Die Ergebnisse dieser Dissertation sind aus Sicht der Autorin grundsätzlich auf alle Krankenhäuser übertragbar. Sie stehen jedoch in starker Abhängigkeit vom Reifegrad des Controllings der einzelnen Klinik.

Je nach Reifegrad des Controllings sind die Handlungsempfehlungen für jedes Krankenhaus nutzbar bzw. anwendbar. Die Leistungsgruppeneinteilung nach dem Krankenhausversorgungsverbesserungsgesetz erfordert durch die jeweiligen Vorgaben eine intensive Auseinandersetzung mit den personellen Besetzungen bzw. Verfügbarkeiten. Dafür sind die Mindestanforderungen aus Tabelle 6.4 und die Erweiterungen aus Tabelle 6.5 bestens für die Anwendung geeignet, um zu prüfen, zu erkennen und reagieren zu können. Die Erfüllung der Anforderungen der Leistungsgruppen sichert langfristig die Stabilität und den Erhalt der Klinik.

Empfehlungen für die weitere Forschung

Die weiterführende Forschung könnte sich an den Limitationen ausrichten und dort nachfolgend die offen geblieben Themen weiterverfolgen.

Es könnte noch einmal versucht werden, von einer größeren Anzahl von Kliniken die Personalkennzahlen mit Rechenmodell zu erhalten, um Musterdashboards je Zielgruppe im Krankenhaus erstellen zu können. Dies wäre auch ein weiterer möglicher Rahmen, um Standardpersonalkennzahlen inklusive Rechenmodell für ein Krankenhaus zu entwickeln. Da über neue gesetzliche Regelungen auch standardisierte Angaben zu einem Vollzeitäquivalent kommen, ist das eine große Chance für die Zukunft Benchmarks zu ermöglichen.

Wie ist der Entwicklungsstand von Personalcontrolling und deren Kennzahlen in privat geführten Kliniken? Eine Hypothese wäre hier, dass privat geführte Häuser einen höheren Reifegrad haben.

Ein weiteres Forschungsfeld ist ein Vergleich privater und öffentlicher Kliniken im Kontext von Controlling und Kennzahlen. Insbesondere wäre interessant, wo die Unterschiede liegen, warum es Unterschiede gibt und wie eine Angleichung stattfinden könnte. Für die durchgeführte Studie gab es anfänglich, als der Fragebogen noch mitgesandt wurde, viele Absagen. Die Hypothese dahinter ist, dass die Absagenden Befürchtungen hatten, an der Studie teilzunehmen, weil die

Klinik im Thema so schlecht aufgestellt ist. Diese Hypothese zeigt auf, dass es sinnvoll sein kann, sich unter anderer bzw. neuer oder weiterer Fragestellung, dem „Kennzahlen als Steuerungsinstrument des Personalcontrollings" nochmals anzunähern.

Im Ausblick kann aufgezeigt werden, dass neben der wachsenden Bedeutung des Personalcontrollings, die Digitalisierung und der Transformationsprozess von allen Beteiligten als große Chance gesehen wird. Automatisierung und Künstliche Intelligenz werden die Treiber im Weiterentwicklungsprozess sein.

Die Krankenhausreform stellt momentan eine unsichere Aussicht für alle Kliniken dar, da immer noch sehr unklar ist, welche Auswirkungen es tatsächlich auf die einzelnen Krankenhäuser in jedem einzelnen Bundesland geben wird. Ein Kernthema der Krankenhausreform ist die Entbürokratisierung; doch allein schon das im Vorfeld in Kraft getretene Krankenhaustransparenzgesetz zeigt neuen notwendigen Bürokratieaufbau. Hinzu kommen die weiteren Reformen zum Notfall und zum Rettungsdienst. Auch diese haben einen wesentlichen Einfluss auf das Klinikgeschehen. Von daher ist momentan nicht absehbar, wie sich das auf die Aufgaben der ControllerInnen, auf die Kennzahlen, auf die Strukturanforderungen usw. auswirken wird.

Literaturverzeichnis

Abbadia, J. (2022). *Forschungsparadigma: Eine Einführung mit Beispielen.* Cactus Communications. Zugriff: 05.10.2024. https://mindthegraph.com/blog/de/forschungs-paradigma/

Angerer, A., Russ, C., & Ultsch, S. (2019). *Digital Health – Revolution oder Evolution? Strategische Optionen im Gesundheitswesen.* ZHAW Zürcher Hochschule für Angewandte Wissenschaften. Zugriff: 12.10.2024. https://digitalcollection.zhaw.ch/handle/11475/18267

Barthel, C. (Hrsg.). (2020). *Managementmoden in der Verwaltung: Sinn und Unsinn.* Springer Gabler. https://doi.org/10.1007/978-3-658-26530-4

Baumüller, J., & Siller, H. (2021). Einleitung. In R. Eschenbach, J. Baumüller & H. Siller (Hrsg.), *Funktions-Controlling: Praxishandbuch für Unternehmen, Non-Profit-Organisationen und die öffentliche Verwaltung* (2. Aufl., S. 1–9). Springer Gabler. https://doi.org/10.1007/978-3-658-33118-4_1

Beck, U. (2021). *Einfluss der Arbeitsbelastung des Personals auf die Patientenzufriedenheit im Krankenhaus – eine empirische Untersuchung* [Dissertation, Katholische Universität Eichstätt-Ingolstadt].

Becker, S., & Hoehner, M. A. W. (2019). Vorbildfunktion des Arztes – Realität und Herausforderung. In J. Stierle, H. Siller, M. Fiedler & S. Ortner (Hrsg.), *Handbuch strategisches Krankenhausmanagement* (S. 171–189). Springer Gabler. https://doi.org/10.1007/978-3-658-13646-8_7

Becker, W., Ulrich, P., & Staffel, M. (2011). *Kennzahlen im Personalcontrolling: Grundlagen, Konzepte und Praxisbeispiele.* Gabler Verlag.

Berger-Grabner, D. (2022). *Wissenschaftliches Arbeiten in den Wirtschafts- und Sozialwissenschaften: Hilfreiche Tipps und praktische Beispiele* (4., überarb. & erw. Aufl.). Springer Gabler.

Blum, K., Heber, R., Levsen, A., Offermanns, M., Parloh, K., Schumacher, L., & Siewert, S. (2022). *Krankenhaus-Barometer 2022.* Deutsches Krankenhaus Institut. Zugriff: 12.10.2024. https://www.dki.de/fileadmin/forschungsberichte/Krankenhaus-Barometer_2022_final.pdf

BMC Health Services Research. (2024). A scoping review of continuous quality improvement in healthcare. Zugriff: 24.05.2025. https://bmchealthservres.biomedcentral.com/articles/https://doi.org/10.1186/s12913-024-10828-0

B. Wark, *Kennzahlen als Steuerungsinstrument des Personalcontrollings*, https://doi.org/10.1007/978-3-658-51104-3

Bornewasser, M. (2020). Agile Organisation: Kalter Kaffee oder neue Erfolgsformel? In C. Barthel (Hrsg.), *Managementmoden in der Verwaltung* (S. 59–91). Springer Fachmedien Wiesbaden. https://doi.org/10.1007/978-3-658-26530-4_3

Borsch, H. (2019). *Demokratisierung in der Organisation: Das Verantwortungsprinzip und das Grundrecht der freien Entfaltung der Persönlichkeit* (1. Aufl.). Schäffer-Poeschel.

Bundesamt für Soziale Sicherung. (2025). *Jährliche Rechnungsergebnisse des Gesundheitsfonds (in €): Gesundheits-, Innovations-, Struktur- und Krankenhauszukunftsfonds, 2022–2024 (KJ 1).* Zugriff: 16.08.2025 https://www.bundesamtsozialesicherung.de/fileadmin/redaktion/Gesundheitsfonds/2024/20250730_UEbersicht_Endgueltige_RE_ab_2022_bis_2024.pdf

Bundesministerium für Arbeit und Soziales. (2015). *Entgeltfortzahlungsgesetz.* Zugriff: 01.07.2023. https://www.bmas.de/DE/Service/Gesetze-und-Gesetzesvorhaben/entgeltfortzahlungsgesetz.html

Bundesministerium für Arbeit und Soziales. (2024). *Sozialversicherungsrechengrößen-Verordnung 2025.* Zugriff: 16.08.2025. https://www.bmas.de/DE/Service/Gesetze-und-Gesetzesvorhaben/sozialversicherungs-rechengroessenverordnung-2025.html

Bundesministerium für Gesundheit. (2020). *Das deutsche Gesundheitssystem.* Zugriff: 07.01.2023. https://www.bundesgesundheitsministerium.de/fileadmin/user_upload/Das-deutsche-Gesundheitssystem_bf.pdf

Bundesministerium für Gesundheit. (2021). *Krankenhausfinanzierung.* Zugriff: 13.01.2023. https://www.bundesgesundheitsministerium.de/krankenhausfinanzierung.html

Bundesministerium für Gesundheit. (2023a). *Eckpunktepapier Krankenhausreform.* Zugriff: 23.09.2023. https://www.bundesgesundheitsministerium.de/fileadmin/Dateien/3_Downloads/K/Krankenhausreform/Eckpunktepapier_Krankenhausreform.pdf

Bundesministerium für Gesundheit. (2023b). *Krankenhausreform.* Zugriff: 23.09.2023. https://www.bundesgesundheitsministerium.de/themen/krankenhaus/krankenhausreform.html

Bundesministerium für Gesundheit. (2024a). *Krankenhausversorgung in Deutschland 2035. Zielbild der Reformen.* Zugriff: 24.05.2025. https://www.bundesgesundheitsministerium.de/fileadmin/Dateien/3_Downloads/K/Krankenhausreform/BMG_Regierungskommission_14te_Krankenhaus_2035.pdf

Bundesministerium für Gesundheit. (2024b). *Krankenhausversorgungsverbesserungsgesetz (KHVVG).* Zugriff: 23.05.2025. https://www.bundesgesundheitsministerium.de/service/gesetze-und-verordnungen/detail/krankenhausversorgungsverbesserungsgesetz-khvvg.html

Bundesministerium für Gesundheit. (2025a). *Finanzielle Entwicklung in der Gesetzlichen Krankenversicherung im 1.–4. Quartal 2024* [PDF-Anlage]. Zugriff: 16.08.2025. https://www.bundesgesundheitsministerium.de/fileadmin/Dateien/3_Downloads/G/GKV/Anlage_Finanzentwicklung_der_GKV_im_1.-4._Qu_2024.pdf

Bundesministerium für Gesundheit. (2025b). *Entwurf eines Gesetzes zur Anpassung der Krankenhausreform (Krankenhausreformanpassungsgesetz – KHAG)* [Referentenentwurf, PDF]. Zugriff: 16.08.2025. https://www.bundesgesundheitsministerium.de/fileadmin/Dateien/3_Downloads/Gesetze_und_Verordnungen/GuV/K/RefE_Krankenhausreformanpassungsgesetz_-_KHAG.pdf

Bundesministerium für Justiz. (2022). *Krankenhausfinanzierungsgesetz.* Zugriff: 14.01.2023. https://www.gesetze-im-internet.de/khg/__2.html

Bundesministeriums der Justiz. (2021). *Verordnung über die Rechnungs- und Buchführungspflichten von Krankenhäusern (Krankenhaus-Buchführungsverordnung – KHBV)*. Zugriff: 02.10.2023. https://www.gesetze-im-internet.de/khbv/KHBV.pdf

Busse, R., Schreyögg, J., & Stargardt, T. (Hrsg.). (2022). *Management im Gesundheitswesen: Das Lehrbuch für Studium und Praxis* (5. Aufl.). Springer.

Die Bundesregierung. (2023). *Beitragsbemessungsgrenze*. Zugriff: 12.10.2024. https://www.bundesregierung.de/breg-de/suche/beitragsbemessungsgrenzen-2023-2133570

CDU/CSU/SPD. (2025). *Der Koalitionsvertrag*. Zugriff: 19.05.2025. https://www.koalitionsvertrag2025.de/

Covarrubias Venegas, B., Huber, B., & Niedermayr-Kruse, R. (2010, Januar). *Personalcontrolling – Entwicklungsstand und zukünftige Tendenzen. Ergebnisse des HR-Panels 2010*. FH Wien. Zugriff: 10.09.2023. https://www.researchgate.net/publication/299522818_Personalcontrolling_Entwicklungsstand_und_zukunftige_Tendenzen_Ergebnisse_des_HR-Panels_2010

Crasselt, N., Maier, B., & Heitmann, C. (2019). *Krankenhaus-Controlling-Studie_2018–19*. ZEB. Zugriff: 27.07.2022. https://www.dvkc.de/controlling-studie/ergebnisse-der-umfrage-2018-2019/

Crasselt, N., Heitmann, C., & Maier, B. (2023). *Controlling im deutschen Krankenhaussektor 2022/23: Studie – aktueller Stand und Entwicklungstendenzen* [Studie]. DVKC e. V.; Bergische Universität Wuppertal; Curacon GmbH Wirtschaftsprüfungsgesellschaft. Zugriff: 16.08.2025. https://www.dvkc.de/download/289778/?tmstv=1686045295

Crasselt, N., Heitmann, C., & Maier, B. (2025). *Controlling im deutschen Krankenhaussektor 2024/25: Studie – aktueller Stand und Entwicklungstendenzen (Fokus: Auswirkungen regulatorischer Veränderungen)* [Studie]. DVKC e. V.; Bergische Universität Wuppertal; Curacon GmbH Wirtschaftsprüfungsgesellschaft. Zugriff: 16.08.2025. https://www.dvkc.de/download/334787/?tmstv=1754945695

Debatin, J. F., Ekkernkamp, A., Schulte, B., & Tecklenburg, A. (2022). *Krankenhausmanagement: Strategien, Konzepte, Methoden* (4., aktualisierte und erweiterte Aufl.). Medizinisch Wissenschaftliche Verlagsgesellschaft.

Deutsche Krankenhausgesellschaft. (2022, 12. Oktober). *Krankenhaus und Gesundheitsversorgung: Wie zufrieden sind die Bürgerinnen und Bürger, was bewegt sie?* Deutsche Krankenhausgesellschaft. Zugriff: 15.01.2023. https://www.dkgev.de/index.php?id=760

Deutsches Krankenhausinstitut e. V. (2023, Dezember). *Krankenhaus-Barometer: Umfrage 2023*. Zugriff: 16.08.2025. https://dki.de/fileadmin/user_upload/DKI_Krankenhaus_Barometer_2023_final.pdf

Deutsches Krankenhausinstitut e. V. (2024, Dezember). *Krankenhaus-Barometer: Umfrage 2024*. Zugriff: 16.08.2025. https://www.dkgev.de/fileadmin/default/Mediapool/1_DKG/1.7_Presse/1.7.1_Pressemitteilungen/2024/2024-12-27_Anlage_DKI-Krankenhaus-Barometer_2024.pdf

Deming, W. E. (1986). *Out of the crisis*. Massachusetts Institute of Technology.

Dieterich, A. (2019). *Geld im Krankenhaus: Eine kritische Bestandsaufnahme des DRG-Systems*. Springer Vieweg. In Springer Fachmedien Wiesbaden GmbH.

DIN. (2009, 3. April). *SPEC 1086 – Qualitätsstandards im Controlling*. DIN. Zugriff: 01.03.2023. https://www.igc-controlling.org/fileadmin/downloads/Standards/DIN_SPEC_1086-2009-_Quality_standards_for_controlling__2009__in_German_.pdf

Doppler, K., & Lauterburg, C. (2019). *Change Management: Den Unternehmenswandel gestalten* (14., aktualisierte Aufl.). Campus Verlag.

Döring, N., & Bortz, J. (2016). *Forschungsmethoden und Evaluation: Für Human- und Sozialwissenschaftler* (5. Aufl.). Springer.

Döring, N. (2022). *Forschungsmethoden und Evaluation in den Sozial- und Humanwissenschaften* (6. Aufl.). Springer Berlin Heidelberg; Imprint Springer. https://doi.org/10.1007/978-3-662-64762-2

Drozdzynski, M. (2020). *Das neue Business-Intelligence-gestützte Krankenhaus-Controlling: Integrative Konzepte auf Basis einer einheitlichen Informationsplattform* (1. Aufl.). Controlling Praxis. Nomos Verlagsgesellschaft.

Duden. (2007). *Duden, Das große Fremdwörterbuch: Herkunft und Bedeutung der Fremdwörter* (4., aktualisierte Aufl.). Dudenverlag.

Duden. (2023). Begriff Transkription. Cornelsen Verlag GmbH. Zugriff: 07.09.2023. https://www.duden.de/rechtschreibung/Transkription

Egle, U., & Keimer, I. (2018). Kompetenzprofil „Digitaler Controller". *Controller Magazin*, 49–53.

Erdmann, C. (2021). *Systemische Flexibilisierung im Pflegedienst von Krankenhäusern als Reaktion auf die Megatrends ‚Demographischer Wandel' und ‚Veränderung der Arbeitswelt' – Eine Analyse und Handlungsempfehlung* [Masterarbeit]. Hochschule Wismar.

Eschenbach, R., & Siller, H. (2019). *Controlling professionell: Gut gerüstet für digitale Herausforderungen* (3. Aufl.). Schäffer-Poeschel Verlag.

Field, A. (2013). *Discovering statistics using IBM SPSS statistics* (4. Aufl.). SAGE Publications.

Flick, U. (2021). *Qualitative Sozialforschung: Eine Einführung* (9. Aufl.). Rowohlt.

Franken, S. (2016). *Führen in der Arbeitswelt der Zukunft: Instrumente, Techniken und Best-Practice-Beispiele.* SpringerLink Bücher. Springer Gabler. https://doi.org/10.1007/978-3-658-11613-2

Frodl, A. (2015). *Management in Gesundheitseinrichtungen: Praxisbeispiele und Konzepte.* De Gruyter.

Fuß, S., & Karbach, U. (2019). *Grundlagen der Transkription: Eine praktische Einführung* (2. Aufl.). utb-studi-e-book: Bd. 4185. UTB; Verlag Barbara Budrich. https://elibrary.utb.de/doi/book/10.36198/9783838550749

Gälweiler, A. (2005). *Strategische Unternehmensführung* (3. Aufl.). Campus Verlag.

GBE – Gesundheitsberichterstattung des Bundes. (2025). *Ärztliches und nichtärztliches Personal in Krankenhäusern (Zeitreihe).* Zugriff: 16.08.2025. https://www.gbe-bund.de/gbe10/abrechnung.prc_abr_test_logon?p_aid=&p_knoten=FID&p_sprache=D&p_suchstring=15399&p_uid=gast

Gerlach, D. (2022). *Crashkurs Personalcontrolling: Grundlagen, Werkzeuge und Praxisbeispiele* (2. Aufl. 2022). Haufe Fachbuch. Haufe.

Giebeler, N., & Eisenmenger, N. (2021). *Das aG-DRG Kompendium: Komplex, verständlich … und transparent!* (1. Aufl.). Reimbursement Institute.

GKV Spitzenverband. (2021). *Fragen und Antworten DRG.* Zugriff: 14.01.2023. https://www.gkv-spitzenverband.de/krankenversicherung/krankenhaeuser/drg_system/fragen_und_antworten_drg/fragen_und_antworten_drg.jsp

Goretzki, L. (2022). Controllership in der Unternehmenspraxis. In W. Becker & P. Ulrich (Hrsg.), *Handbuch Controlling* (S. 73–88). Springer Fachmedien Wiesbaden. https://doi.org/10.1007/978-3-658-26431-4_8

Grätsch, S., & Knebel, K. (2020). Agile Führung – Was ist Agile Leadership? Die 10 Prinzipien. Berliner Team. Zugriff: 27.02.2023. https://www.berlinerteam.de/blog/agile-fuehrung-agile-leadership/

Hahn, W., & Beiweis, W. (2022). *Freiheit: Die Zukunft der Unternehmensführung.* Hanser.

Hammermann, A., & Stettes, O. (2017, April). Stellt die Digitalisierung neue Anforderungen an Führung und Leistungsmanagement? *IW-Trends, 44*(4), 92–111. https://www.iwkoeln.de/studien/andrea-hammermann-oliver-stettes-stellt-die-digitalisierung-neue-anforderungen-an-fuehrung-und-leistungsmanagement-375898.html

Hantl-Merget, J., Wilde, J., & Klieber, B. (2021). Pflegedashboard – Vom Sparschwein zum Erfolgsfaktor. *KMA, 26*, 106–108.

Hersey, P., & Blanchard, K. H. (1988). *Management of organizational behavior: Utilizing human resources* (5. Aufl.). Prentice-Hall International Editions. Prentice-Hall.

Hildebrandt, U. (2021). *Aus Corona Lernen: Was wir besser machen können in Gesellschaft, Politik, Gesundheitswesen.* Springer Verlag.

Horney, N., Pasmore, B., & O'Shea, T. (2010). Leadership Agility: A Business Imperative for a VUCA World. *People & Strategy.* https://luxorgroup.fr/coaching/wp-content/uploads/Leadership-agility-model.pdf

Institut Arbeit und Qualifikation (IAQ), Universität Duisburg-Essen. (2024). *Personal in Krankenhäusern 2023* (Abb. VI.34, Kommentierung). Zugriff: 16.08.2025. https://www.sozialpolitik-aktuell.de/files/sozialpolitik-aktuell/_Politikfelder/Gesundheitswesen/Datensammlung/PDF-Dateien/abbVI34.pdf

Institut für das Entgeltsystem im Krankenhaus (InEK) GmbH. (2024). *Definitionshandbuch aG-DRG-Version 2025 (Vollversion, Bände 1–5).* Zugriff: 16.08.2025. g-drg.de.

International Group of Controlling (Hrsg.). (2017). *IGC-Schriften. Controlling-Prozessmodell 2.0: Leitfaden für die Beschreibung und Gestaltung von Controllingprozessen* (2. Aufl.). Haufe Verlag.

International Group of Controlling. (2023). *Our internal network.* Zugriff: 28.02.2023. https://www.igc-controlling.org/about-us/our-international-network

Jetter, D. (1987). *Das europäische Hospital: Von der Spätantike bis 1800* (2. Aufl.). DuMont-Dokumente. DuMont.

Jochmann, W., & Stein, F. (2023). *HR in der Crunchtime: HR-Strategie und Organisationsstudie.* Kienbaum. Zugriff: 28.02.2023. https://www.kienbaum.com/publikationen/hr-in-der-crunchtime/

Jung, H. (2017). *Personalwirtschaft* (10., aktualisierte Aufl.). De Gruyter.

Kaplan, R. S., & Norton, D. P. (1996). *The Balanced Scorecard: Translating Strategy into Action.* Harvard Business School Press.

Kassenärztliche Bundesvereinigung (Hrsg.). (2023, 1. Januar). *EINHEITLICHER BEWERTUNGSMASSSTAB (EBM).* KBV. Zugriff: 12.01.2023. https://www.kbv.de/html/ebm.php

Keimer, I., & Egle, U. (2020). Digital Controlling – Grundlagen für den erfolgreichen digitalen Wandel im Controlling. In I. Keimer & U. Egle (Hrsg.), *Die Digitalisierung der Controlling-Funktion* (S. 1–16). Springer Fachmedien Wiesbaden. https://doi.org/10.1007/978-3-658-29196-9_1

Kieser, A., & Ebers, M. (Hrsg.). (2019). *Organisationstheorien* (8., erweiterte und aktualisierte Aufl.). Verlag W. Kohlhammer.

Kieser, A., & Walgenbach, P. (2010). *Organisation* (6., überarb. Aufl.). Schäffer-Poeschel Verlag.

Klinikmanagement Akademie. (2025). *15 FAQ zur Krankenhausreform: KHVVG und Transformationsfonds*. Zugriff: 24.05.2025. https://klinikmanagement-akademie.de/blogartikel-faq-zur-krankenhausreform-khvvg-transformationsfonds.html

Kobi, J.-M. (2021). Personal-Controlling: Eine verkannte Controlling-Dimension ganzheitlich angehen. In R. Eschenbach, J. Baumüller & H. Siller (Hrsg.), *Funktions-Controlling: Praxishandbuch für Unternehmen, Non-Profit-Organisationen und die öffentliche Verwaltung* (2. Aufl., S. 365–387). Springer Gabler. https://doi.org/10.1007/978-3-658-33118-4_14

KPMG. (2021). *Gesundheitsbarometer: Zukunft des Gesundheitswesens*. KPMG. Zugriff: 31.12.2025. https://issuu.com/kpmg.de/docs/kpmg_gesundheitsbarometer_02_2021_sdc_v12_lesevors

Kuckartz, U., Rädiker, S., Ebert, T., & Schehl, J. (2013). *Statistik: Eine verständliche Einführung* (2., überarb. Aufl.). Springer VS.

Kuhn, T. S. (2023). *Die Struktur wissenschaftlicher Revolutionen* (H. Vetter, Übers.) (Zweite revidierte und um das Postskriptum von 1969 ergänzte Aufl., 27. Aufl.). Suhrkamp-Taschenbuch Wissenschaft: Bd. 25. Suhrkamp.

Land Mecklenburg-Vorpommern. (2011). *Krankenhausgesetz für das Land Mecklenburg-Vorpommern (Landeskrankenhausgesetz LKHG M-V)*. Zugriff: 31.12.2025. https://beck-online.beck.de/Dokument?vpath=bibdata%2Fges%2Fmvlkhg%2Fcont%2Fmvlkhg.htm&anchor=Y-100-G-MVLKHG

Landesamt für Landwirtschaft, Lebensmittelsicherheit und Fischerei Mecklenburg-Vorpommern. (2025). *Allgemeine Angaben zu Mecklenburg-Vorpommern*. Zugriff: 23.05.2025. https://www.lallf.de/fischerei/statistik/#:~:text=Allgemeine%20Angaben%20zu%20Mecklenburg%2DVorpommern&text=Die%20Landesfl%C3%A4che%20umfasst%2023.174%20km,1%2C6%20Mio%20Menschen.

Landtag Mecklenburg-Vorpommern. (2025). *Krankenhausgesetz für das Land Mecklenburg-Vorpommern (Landeskrankenhausgesetz – LKHG M-V). 8/4870 Gesetzentwurf vom 30.04.2025*. Landesregierung. Zugriff: 24.05.2025. https://www.dokumentation.landtag-mv.de/parldok/suche/10_1_8___8.%20Wahlperiode%20(26.10.2021%20-%2025.10.2026)/13_1_64429___Dokument%3A%20Gesetzentwurf%208%2F4870

Lueger, M. (2018). *Artefaktanalyse: Grundlagen und Verfahren*. SpringerLink Bücher. Springer VS.

Luhmann, N. (2019). Die Gesellschaft und ihre Organisationen. In N. Luhmann, E. Lukas & V. Tacke (Hrsg.), *Schriften zur Organisation 2* (S. 451–466). Springer Fachmedien Wiesbaden. https://doi.org/10.1007/978-3-658-23210-8_17

Luhmann, N. (2022). Funktionen und Folgen formaler Organisation. In N. Luhmann, V. Tacke & E. Lukas (Hrsg.), *Schriften zur Organisation 5* (S. 117–124). Springer Fachmedien Wiesbaden. https://doi.org/10.1007/978-3-658-23434-8_10

Malik, F. (2019). *Führen Leisten Leben: Wirksames Management für eine neue Welt* (durchges. & erw. Neuausg.). Campus Verlag.

Mau, J. (2022, 14. November). Lauterbach: „Wir stellen die Basisfinanzierung auf einen neuen Sockel". *Krankenhaustag.* Zugriff: 14.01.2023. https://www.bibliomedmanager.de/news/lauterbach-wir-stellen-die-basisfinanzierung-auf-einen-neuen-sockel

Mayring, P. (2022). *Qualitative Inhaltsanalyse: Grundlagen und Techniken* (13., überarb. Aufl.). Beltz.

Mayring, P. (2023). *Einführung in die qualitative Sozialforschung.* Beltz Studium. Julius Beltz GmbH & Co. KG.

Medi-Karriere. (2023). *Medizincontroller/in – Ausbildung und Beruf.* Zugriff: 05.03.2023. https://www.medi-karriere.de/medizinische-berufe/medizincontroller/

McKinsey. (2024). *Trends im Personalcontrolling: Die Zukunft der HR-Kennzahlen.* McKinsey & Company. Zugriff: 15.02.2025. https://www.mckinsey.com

Meyer, A. (2023). Umstrittene Anweisung aus Schwerin: Südstadt-Klinik Rostock soll keine Schlaganfall-Patienten mehr behandeln. *Ostseezeitung.* Zugriff: 24.05.2025. https://www.ostsee-zeitung.de/lokales/rostock/umstrittene-anweisung-suedstadt-klinik-rostock-soll-keine-schlaganfall-patienten-behandeln-7ZCKIP7H2RGHTJ7OSZTGP7DY7M.html

Ministerium für Soziales, Gesundheit und Sport. (2025). *Krankenhausplan – Stand: Juni 2025.* Zugriff: 24.05.2025. https://www.regierung-mv.de/Landesregierung/sm/gesundheit/Gesundheitsversorgung/Krankenhauswesen/

Neft, F., Kappler, K. E., & Smolnik, S. (2020). Der Einfluss von IoT-, Big-Data- und Mobile-Health-Lösungen auf die Wertschöpfung in Krankenhäusern: Gap-Analyse und Handlungsempfehlungen. *HMD Praxis der Wirtschaftsinformatik, 58*(1), 50–63. https://doi.org/10.1365/s40702-020-00682-z

Nemmer, T. (2019). Geschäftsführung und Aufsichtsrat in Kliniken. In J. Stierle, H. Siller, M. Fiedler & S. Ortner (Hrsg.), *Handbuch strategisches Krankenhausmanagement* (S. 191–212). Springer Gabler. https://doi.org/10.1007/978-3-658-13646-8_8

Nemmer, T., & Schuster, J. (2022). Personalcontrolling im Krankenhaus. In W. Becker & P. Ulrich (Hrsg.), *Handbuch Controlling* (S. 577–599). Springer Fachmedien Wiesbaden. https://doi.org/10.1007/978-3-658-26431-4_78

Olfert, K., & Steinbuch, P. A. (2001). *Personalwirtschaft – Kompendium der praktischen Betriebswirtschaft* (9., aktualisierte und durchges. Aufl.). Kiehl.

Pastoors, S., Becker, J. H., Ebert, H., & Auge, M. (2019). *Praxishandbuch werteorientierte Führung: Kompetenzen erfolgreicher Führungskräfte im 21. Jahrhundert* (1. Aufl.). Springer Berlin Heidelberg.

Peças, P., Encarnação, J., Gambôa, M., Sampayo, M., & Jorge, D. (2021). PDCA 4.0: A new conceptual approach for continuous improvement in the Industry 4.0 paradigm. *Applied Sciences, 11*(16), 7671. https://doi.org/10.3390/app11167671

Peters, T. J. (2012). *In Search of Excellence: Lessons from America's Best-Run Companies* (1st ed.). HarperCollins Publishers.

Porst, R. (2014). *Fragebogen: Ein Arbeitsbuch* (4. Aufl.). Springer VS.

Preißner, A. (2010). *Praxiswissen Controlling: Grundlagen – Werkzeuge – Anwendungen* (6., überarb. Neuaufl.). Hanser Verlag.

Prölß, J. (2019). *Pflegemanagement: Strategien, Konzepte, Methoden.* Medizinisch Wissenschaftliche Verlagsgesellschaft.

Regierungskommission für eine moderne und bedarfsgerechte Krankenhausversorgung. (2022). *Dritte Stellungnahme und Empfehlung – Grundlegende Reform der Krankenhausvergütung*. BMG. Zugriff: 09.03.2023. https://www.bundesgesundheitsministerium.de/fileadmin/Dateien/3_Downloads/K/Krankenhausreform/3te_Stellungnahme_Regierungskommission_Grundlegende_Reform_KH-Verguetung_6_Dez_2022_mit_Tab-anhang.pdf

Reimbursement Institute. (2023). *Leistungsgruppen – Strukturelle Krankenhausreform*. Zugriff: 24.05.2025. https://reimbursement.institute/glossar/leistungsgruppen/

Rüegg-Stürm, J., & Grand, S. (2020). *Das St. Galler Management-Modell: Management in einer komplexen Welt* (2., überarb. Aufl.). UTB: Bd. 5092. Haupt Verlag.

Rühli, E. (1984). Der «Zürcher Ansatz» zu einer Führungslehre: Konzept — Hypothesen — Anwendung in der Praxis. *Die Unternehmung, 38*(4), 347–357. Zugriff: 24.05.2025. https://www.jstor.org/stable/24178963

Rühli, E. (1992). *Gestaltungsmöglichkeiten der Unternehmungsführung: Führungsstil, Führungsmodelle, Führungsrichtlinien, Mitwirkung und Mitbestimmung*. Schriftenreihe des Instituts für betriebswirtschaftliche Forschung an der Universität Zürich: Bd. 70. Haupt.

Sandholzer, M. (2022). *Personalkennzahlen und der praktische Nutzen für das Human Ressource Management in Großbetrieben* [Masterarbeit]. Fachhochschule Vorarlberg, Dornbirn.

Schlüchtermann, J. (2020). *Betriebswirtschaft und Management im Krankenhaus: Grundlagen und Praxis* (3., aktualisierte und erweiterte Aufl.). Medizinisch Wissenschaftliche Verlagsgesellschaft.

Scholz, C., & Sattelberger, T. (2013). *Human Capital Reporting: HCR10 als Standard für eine transparente Personalberichterstattung* (1. Aufl.). HRM Competence. Franz Vahlen.

Schulze, M., Cinciripini, G., Gackstatter, T., Gleich, R., Grönke, K., Meter, M., Möller, K., Thiele, P., & Tschandl, M. (2018). *Verbreitung von Controlling-Standards der ICG in der Unternehmenspraxis – Ergebnisse einer empirischen Studie*. IGC. Zugriff: 28.02.2023. https://www.igc-controlling.org/fileadmin/downloads/Standards/IGC_Studienbericht_Standards_im_Controlling.pdf

Shewhart, W. A. (1939). *Economic control of quality of manufactured product*. Van Nostrand.

Singh, J., & Gandhi, S. K. (2024). Benefits using PDCA cycle of continuous improvement in manufacturing industry – a case study. *International Journal of Management Concepts and Philosophy, 17*(1), 83–97.

Siller, H. (2011). *Normatives Controlling* (1. Aufl.). utb-studi-e-book: Bd. 8459. UTB GmbH; facultas. https://doi.org/10.36198/9783838584591

Siller, H. (2019). Der Krankenhausmanager als Verwalter und als Unternehmer. In J. Stierle, H. Siller, M. Fiedler & S. Ortner (Hrsg.), *Handbuch strategisches Krankenhausmanagement* (S. 97–131). Springer Gabler. https://doi.org/10.1007/978-3-658-13646-8_5

Simon, B., & Krämer, N. (Hrsg.). (2021). *Zukunft der Gesundheitsversorgung: Vorschläge und Konzepte aus Perspektive der stationären Leistungserbringer* (1. Aufl.). Springer Fachmedien Wiesbaden; Imprint Springer Gabler. https://doi.org/10.1007/978-3-658-33007-1

Simon, M. (2020). *Das DRG-Fallpauschalensystem für Krankenhäuser*. Hans Böckler Stiftung. Zugriff: 12.02.2023. https://www.econstor.eu/bitstream/10419/226509/1/173868217X.pdf

Simon, M. (2021). *Das Gesundheitssystem in Deutschland: Eine Einführung in Struktur und Funktionsweise* (7., überarb. & erw. Aufl.). Hogrefe; Ciando.

Smith, A. (2013). *Wohlstand der Nationen* (M. Stirner, Übers.) (H. Schmidt, Hrsg.). Anaconda.

Sozialgesetzbuch (SGB V), Fünftes Buch, Gesetzliche Sozialversicherung. § 1 SGB V Solidarität und Eigenverantwortung. Zugriff: 08.01.2022. https://www.sozialgesetzbuch-sgb.de/sgbv/1.html

Solidaris. (2025). *Krankenhausreform | Alle aktuellen Entwicklungen & News.* Zugriff: 24.05.2025. https://www.solidaris.de/themen/krankenhausreform

Statistisches Bundesamt. (2019). *Pressemitteilung vom 27. Juni 2019 – 242/19.* DESTASIS. Zugriff: 15.01.2023. https://www.destatis.de/DE/Presse/Pressekonferenzen/2019/Bevoelkerung/pm-bevoelkerung.pdf?__blob=publicationFile

Statistisches Bundesamt. (2022). *Zahl der Beschäftigten im Pflegedienst in Kliniken binnen zehn Jahren um 18 % gestiegen* [Pressemitteilung]. Zugriff: 16.08.2025. https://www.destatis.de/DE/Presse/Pressemitteilungen/2022/05/PD22_N026_2313.html

Statistisches Bundesamt. (2023a). *Gesundheitspersonal: Deutschland, Jahre, Einrichtungen, Geschlecht.* DESTASIS. Zugriff: 15.01.2023. https://www-genesis.destatis.de/genesis/online?sequenz=tabelleErgebnis&selectionname=23621-0001&zeitscheiben=10#abreadcrumb

Statistisches Bundesamt. (2023b). *Krankenhauseinrichtungen.* DESTASIS. Zugriff: 31.12.2025. https://www.destatis.de/DE/Themen/Gesellschaft-Umwelt/Gesundheit/_Grafik/_Interaktiv/krankenhauseinrichtungen.html?templateQueryString=Krankenhauseinrichtungen

Statistisches Bundesamt. (2023c). *Krankenhäuser.* DESTASIS. Zugriff: 31.12.2025. https://www.destatis.de/SiteGlobals/Forms/Suche/Servicesuche_Formular.html?nn=3628&resourceId=2414&input_=249406&pageLocale=de&templateQueryString=Krankenh%C3%A4user&submit.x=0&submit.y=0

Statistisches Bundesamt. (2024a). *Ärztliches und nichtärztliches Personal in Krankenhäusern (1991–2023).* Zugriff: 31.12.2025. https://www.destatis.de/DE/Themen/Gesellschaft-Umwelt/Gesundheit/Krankenhauser/Tabellen/personal-krankenhaeuser-jahre.html?templateQueryString=%C3%84rztliches+und+nicht%C3%A4rztliches+Personal+in+Krankenh%C3%A4usern+

Statistisches Bundesamt. (2024b). *Zahl der Krankenhaus-Behandlungen 2023 um 2,4 % gestiegen* [Pressemitteilung]. Zugriff: 16.08.2025. https://www.destatis.de/DE/Presse/Pressemitteilungen/2024/09/PD24_372_231.html

Stierle, J., Glasmachers, K., & Siller, H. (Hrsg.). (2017). *Praxiswissen Personalcontrolling: Erfolgreiche Strategien und interdisziplinäre Ansätze für die Ressource Mensch.* Springer Gabler.

Stierle, J., Siller, H., Fiedler, M., & Ortner, S. (Hrsg.). (2019). *Handbuch strategisches Krankenhausmanagement.* Springer Gabler.

Tarifparteien ver.di und TdL. (2021). *Tarifvertrag der Länder.* TdL. Zugriff: 12.10.2024. https://www.tdl-online.de/fileadmin/downloads/TV-L/TV-L__i.d.F._des_%C3%84TV_Nr._12_VT_komprimiert.pdf

Thommen, J.-P., Achleitner, A.-K., Gilbert, D. U., Hachmeister, D., Jarchow, S., & Kaiser, G. (Hrsg.). (2020). *Allgemeine Betriebswirtschaftslehre* (9. Auflage). Springer Fachmedien Wiesbaden.

VDEC – Verband der Ersatzkassen. (2022). *Daten zum Gesundheitswesen: Versicherte.* VDEC. Zugriff: 07.01.2023. https://www.vdek.com/presse/daten/b_versicherte.html

Verband der Privaten Krankenversicherung e.V. (2023). *So kalkuliert eine Versicherung die Beiträge.* PKV. Zugriff: 08.01.2023. https://www.pkv.de/wissen/beitraege/beitragskalkulation/

Verband der Universitätsklinika Deutschlands. (2024). *Aggregierte Jahresergebnisse der Uniklinika* [Infografik]. Zugriff: 16.08.2025 https://www.uniklinika.de/fileadmin/user_upload/VUD_GrafikWeb-AggregierteJahresergebnisse_E4_211018-DRUCK.jpg

Weber, J., & Schäffer, U. (2020). *Einführung in das Controlling* (16., überarb. & aktualisierte Aufl.). Schäffer-Poeschel Verlag.

Weber, M. (2009). *Wirtschaft und Gesellschaft: Grundriss der verstehenden Soziologie* (5., rev. Aufl., Studienausg. [Nachdr.]). Mohr Siebeck.

Weber, P. (2019). Chefärzte – (fast) die perfekte Zielgruppe für Coaching. In J. Stierle, H. Siller, M. Fiedler & S. Ortner (Hrsg.), *Handbuch strategisches Krankenhausmanagement* (S. 243–259). Springer Gabler. https://doi.org/10.1007/978-3-658-13646-8_11

Weiner, T. (2022). Führung – Werte – Kennzahlen. *Pflegezeitschrift, 75*(4), 14–16. https://doi.org/10.1007/s41906-022-1239-3

Wickel-Kirsch, S. (2018). Anforderungen an Personalcontrolling: (Weiter-)Entwicklungen im Personalcontrolling in den letzten 25 Jahren. In C. Kochhan & A. Moutchnik (Hrsg.), *Research. Media Management: Ein interdisziplinäres Kompendium* (S. 29–42). Springer Gabler. https://doi.org/10.1007/978-3-658-23297-9_2

Wickel-Kirsch, S., & Jäger, W. (2020). *Personalcontrolling 2020 – Bedeutung und Mehrwert für die Personalarbeit.* Hochschule RheinMain. Zugriff: 10.09.2023. https://www.haufe-akademie.de/ressourcen/personalmanagement/studie-personalcontrolling?akttyp=direkt&aktnr=84834&wnr=04393689

Wienkamp, H. (2020). *Der Weg zum Personalkennzahlensystem: Das HR-Cockpit in der Praxis – einfach, pragmatisch, systematisch.* Springer Gabler.

Wunderer, R. (2018). *Führung und Zusammenarbeit in Märchen und Arbeitswelten.* Springer Gabler.

Zukunftsinstitut. (2022). *iHealth & Co.: Gesundheit im Jahr 2040.* Zukunftsinstitut. Zugriff: 14.07.2022. https://www.zukunftsinstitut.de/zukunftsthemen/ihealth-co-gesundheit-im-jahr-2040

FSC
www.fsc.org
MIX
Papier | Fördert
gute Waldnutzung
FSC® C083411

Kolibri 360 GmbH
Ferdinand-Jühlke-Straße 7
99095 Erfurt, Deutschland
produktsicherheit@kolibri360.de